「仕事ができる人」になる
思考力クイズ51問

「解像度が高い人」がすべてを手に入れる

元デロイト コンサルタント
権藤悠

SB Creative

「話がふわっとしている」

「既視感がある」

「ピンとこない」

会議で意見を言ったとき、
社内で企画書の説明をしたとき、
商談でお客さんに提案をしたとき……。

こんな風に言われた、
思われてしまった
経験はないだろうか。

まるで、視力の悪い人が眼鏡なしで見る
「ぼやけた世界」のように
思考が「曖昧な」状態。
「解像度が低い」状態だ。

逆に「解像度が高い人」は、
物事が「細かく見えている」。

「鋭い洞察」を持ち合わせている。

それでいて難しい話も、

「わかりやすく伝えられる」。

まるで、「度数がピッタリと合った眼鏡」をかけたときのように思考が「クリア」で、話を聞いているこちらの頭の中に「鮮明なイメージ」が浮かび上がってくる。

「仕事ができる人」とは、まさしく「解像度が高い人」に他ならない。

では、どうしたら
このような「解像度が高い人」
になれるのか。

それが、
「具体⇅抽象」トレーニング
である。

問題 6

「YouTubeの視聴者」と
「TVの視聴者」の違いを5つ挙げよ。

問題 29

「映画館」「Salesforce」
「Amazon Prime」
「電車広告」を2つに分類せよ。

問題 50

比喩を使って、初対面の人に
「自分の魅力」を説明してください。

なぜこの「具体⇅抽象」トレーニングが
「解像度」を高めてくれるのか。
その理由を「はじめに」で
明らかにしていきましょう。

「解像度が高い人」
がすべてを手に入れる

はじめに

そもそも「解像度」って何だ？

「きみの話は、どうも具体性がなく、ふわっとしている」
「言いたいことはわかるんだけど、いまいち説得力がなぁ」
「話している内容がピンとこない」

仕事をしていて、こんな風に言われた、思われた経験はないでしょうか。

物事の理解が不十分で、考えも粗いため、質問をされても**具体的な答えが返せない。**

「解像度が高い人」が
見ている世界

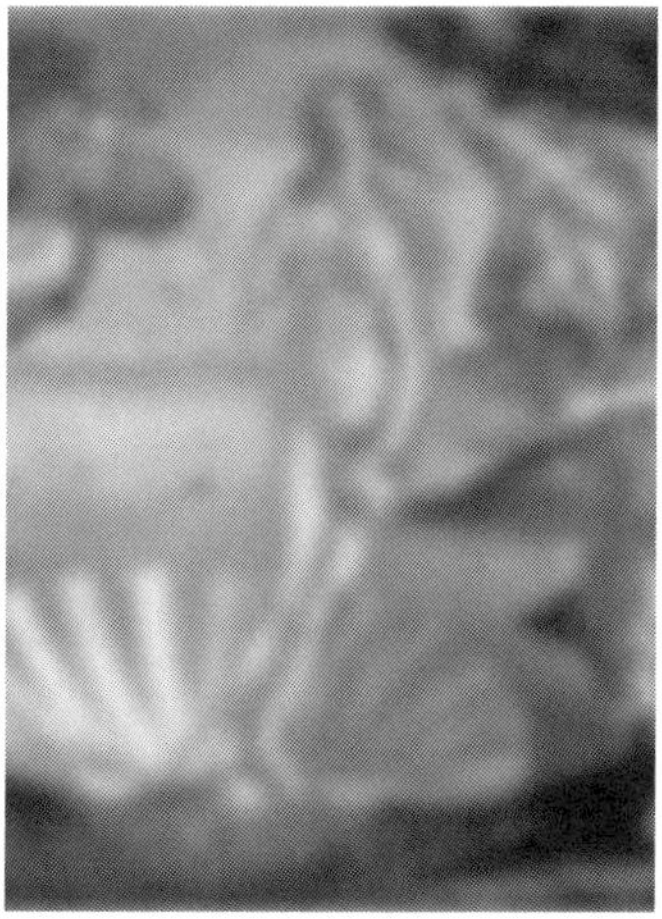

「解像度が低い人」が
見ている世界

提供：Bridgeman Images/アフロ

本質を理解していないので、話しているポイントそのものが的外れだったり、他の誰でも言えてしまうような**「安易な意見・提案」しかできない。**

情報同士にもつながりがなく、聞いている側としても〝すりガラス〟の向こうにいるような粗い像しか見えてこない。結果、**相手の頭の上にはいくつもの「？」が浮かび上がっている。**

まるで、何が描かれているかわからない**「ぼやけた画像」**のように思考が粗くて曖昧で、ほとんど何も見えないまま話している状態。

近年、ビジネスシーンで、このような状

態のことを「解像度が低い」と表現するようになりました。

一方で、「ピントがばっちりと合ったレンズ」のように思考がクリアになっている状態を「解像度が高い」と表現します。

「仕事ができる人」＝「解像度が高い人」

私は権藤悠と申します。

現在、私は自身でコンサルティング会社を経営していますが、それ以前は経営コンサルティングファームであるデロイト トーマツ コンサルティングで、経営コンサルタントをしていました。

デロイト時代に、私が担当した企業は約3000社に上り、延べ1万人以上のビジネスパーソンを見てきました。

そうして、多くのビジネスパーソンを見てきた中で思うのは、「仕事ができる人」に

解像度が高い

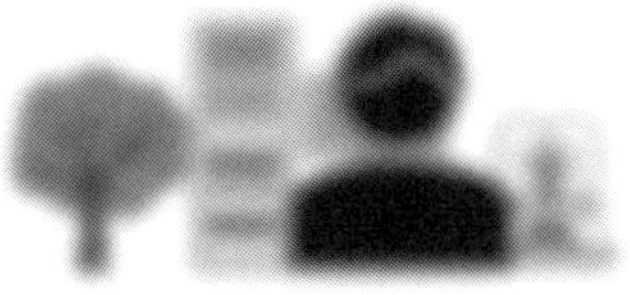

解像度が低い

はある共通点があるということです。

それが「解像度が高い」という点です。

「解像度が高い人」は、思考が鮮明で、細部まできれいに明確に見えています。

例えば、営業などであれば、「解像度が高い人」は顧客のことを事細かに捉えています。お客さんは何歳くらいで、普段はどんな生活を送っていて、どんな服を着ているのか。どんな場面で、どんな困りごとを持っていて、そのために普段はどんな競合の製品・サービスを利用しているのか。特定の一人が浮かび上がってくるほどに、**「物事が細かく見えている」**のが特徴です。

具体的なだけではありません。意見を言った瞬間、思わず周りが「ハッ」としてしまうような**「ユニークで鋭い洞察を得ている」**のも「解像度が高い人」の特徴です。普段から「自分なりの日常の気づき」を豊富に持っていて、しかも、多くの場合それは物事の「本質」を突いている。そのため、必然的にその意見・提案は「新しくかつ納得感のあるもの」になります。

そして、**「物事をわかりやすく伝えられる」**のも、「解像度が高い人」の特徴です。相手の理解度に合わせて使う言葉や話を調整でき、仮に専門的な話をしていたとしても、聞いているほうとしては、ありありとイメージが湧いてきて、理解が容易です。

「この人、考えが深いなぁ」
「あの人の言うことは、なぜか納得感がある」

これらの特徴を聞いたら、「解像度が高い人＝仕事ができる人」ということに違和感はないでしょう。

会社の上位1％にいるような「仕事ができる人」は、その他の99％の人たちには見えないものまで見えているものです。**会社の中でたった一人、それが見えているからこそ、その人は「仕事ができる人」なのです。**

とはいえ、「仕事ができる人」もそうでない人も、同じ会社にいる以上、実際には「同じもの」を見ているはずです。にもかかわらず、なぜ、ある人に見えているものが、他の人には見えないのでしょうか？

それが「解像度の高さ」による違いです。**同じものを見ていても、解像度が違えば〝見ている世界〟もまるで違ってきます。**つまり、「仕事ができる人」とそうでない人が〝見ている世界〟は、「解像度の高さ」によって決まってくるのです。

解像度はどうしたら高まるか？

「あなたの提案はどの会社にもできる提案だし、あなたが言う御社の強みは他のコンサルティング会社にも当てはまりますよ」

これは私がデロイト入社間もない頃に、クライアントから言われた言葉です。

今でこそ、こうして「解像度」をテーマに本を書いていますが、かつての私はまさに「解像度が低い人」の代表でした。

デロイトに入れたのも、たまたま大量採用にひっかかったというだけで、

「本当にちゃんと考えた？」

いつも上司からはこのように言われる、「仕事ができない人」の典型でした。

そんな私が最終的には、デロイトでも上位１％の人材しか認定されない「Ｓランク人材」の評価を受けることができたのは、まさしくデロイト在籍時にたくさんの「仕事ができる」コンサルタントやクライアントの方々を見て、「解像度」の重要性に気づき、高めてきたからだと感謝しています。

では、どうしたら解像度を高めることができるのでしょうか。

これを解き明かすために、先ほど15ページで説明した「『解像度が高い人』の特徴」を思い出してください。ここから「解像度が高い人」のポイントを抽出すると、以下の3つの特徴が浮かび上がってきます。

- 特徴❶ 99％の人には見えない所まで**「物事が細かく見えている」**
- 特徴❷ 99％の人には見えない**「ユニークで鋭い洞察を得ている」**
- 特徴❸ 99％の人にも見えるよう、**「物事をわかりやすく伝えられる」**

そして、これらの「特徴」はそれぞれ、「具体化思考力」「抽象化思考力」「具体⇅抽象思考力」を鍛えることによって、手に入れることができます。

「解像度が高い人」になる3つの思考力

なぜこの「3つの思考力」なのでしょうか。

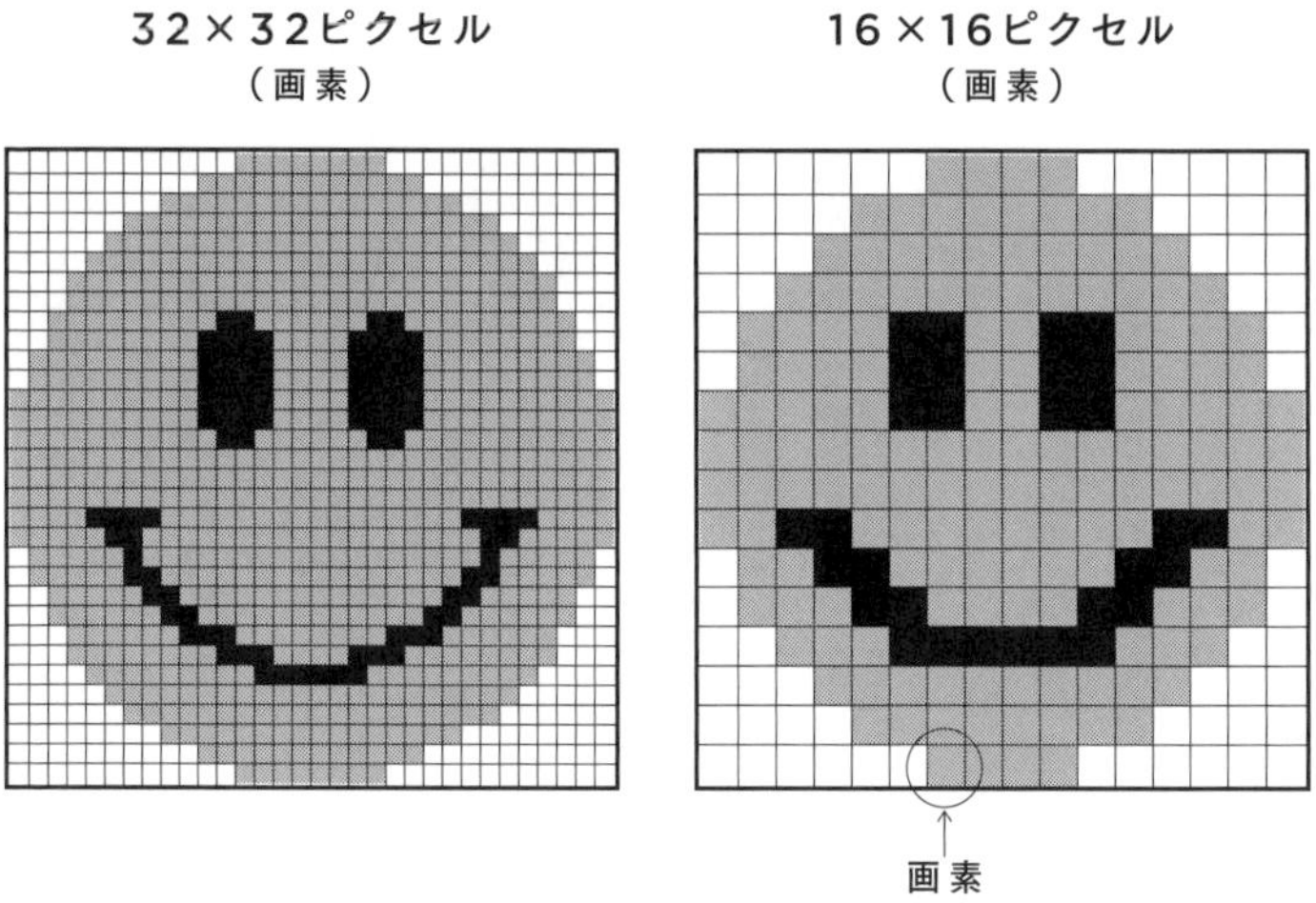

・❶「物事が細かく見えている」になるには？――「具体化思考力」を鍛える

「解像度」とは本来の意味を考えればおわかりのように、画像を構成する要素＝「画素（ピクセル）」の数（画素数）が多くなればなるほど、つまり画素の密度が高ければ高いほど画像は精細になります。

16×16ピクセルで表現した画像よりも、32×32ピクセルで表現した画像のほうが、よりはっきりした形になるわけです。

つまり、具体化思考によって「物事を細かく見ること」は、**「画素数を増やすこと」**を意味しています。

具体化思考力を鍛えることは、「思考の画

具体化思考

提供：Bridgeman Images/アフロ

素数」を増やし、思考を「高密度の画像」、つまりはクリアな思考にしていくことになるのです。

「物事の理解が不十分」
「考えが粗く、具体性に欠ける」

こういった問題は、「解像度」の中でも「具体化思考力」が足りないせいです。第3章では、この「具体化思考力」を鍛えるトレーニングを用意しています。

・❷「ユニークで鋭い洞察を得ている」になるには？——「抽象化思考力」を鍛える

解像度を高めるには「具体化する＝画素数を増やす」だけでは不十分です。21ページの「具体化思考」の画像を見ていただくとわかる通り、**「画像（思考）の幅広さ」**がないためです。

具体化は、既にあるものを深掘りするのには適していますが、「新たな気づき」を得るのには向いていません。

　では、「解像度が高い人」の2つ目の特徴である「ユニークで鋭い洞察を得ている」になるためには何が必要か。それが「抽象化思考力」です。

25ページの画像のように、「抽象化思考」により「『具体化思考』だけでは見えなかった部分」を見えるようにすることで、「画像（思考）の幅広さ」をつくります。

「抽象」というと、よく「話が抽象的」といった悪い意味で使われることが多いため、その重要性が認識されづらいですが、実はこの「抽象化思考力」こそ「優秀な人」に共通する思考力です。

　その詳細な説明は第2章に譲りますが、ここで簡潔に説明すると、「抽象化思考力」とは**「物事の背景に隠れた〝成功法則〟を見つけ出す力」**です。

- あなたの業界の成功している商品の共通点は？
- 成功しているセールスパーソンの共通点は？

　このような、物事の背景に隠れた共通点を抽出する力。それこそが、「抽象化思考力」です。そこから導き出される「成功法則」とはまさしく「物事の本質」であり、「鋭い洞察」に溢れたものになります。

「この人はいつも、ポイントがずれているんだよなぁ」

「解決策が安易」

こういった問題は、「解像度」の中でも「抽象化思考力」が足りないせいです。

具体化思考をしているだけでは画像幅をつくることはできず、25ページの画像のように、「抽象化思考力」を鍛え、「物事の背景に隠れた本質」を捉えられるようになることで、視野の広い多様な思考ができるようになります。

「抽象化思考力を鍛える」とは、このように**「画像幅を広げる」**ことです。

第4章では、この「抽象化思考力」を鍛えるトレーニングを用意しています。

抽象化思考

提供：Bridgeman Images/アフロ

・❸「物事をわかりやすく伝えられる」になるには？――「具体⇅抽象思考力」を鍛える

しかし、「解像度が高い人」になるためには、「具体化思考力」「抽象化思考力」の2つだけでも不十分です。

なぜなら、この2つだけでは、3つ目の特徴である「物事をわかりやすく伝えられる」は実現できないからです。

では、「解像度が高い人」はどうやって「物事をわかりやすく伝えられる」を実現しているのでしょうか。それが「具体⇅抽象思考力」です。

人にはその立場や知識量、状況によって、「具体的な話のほうが理解しやすい人」「抽象的な話のほうが理解しやすい人」がいます。

「解像度が高い人」は、話す相手に応じて「具体（的な話）」と「抽象（的な話）」を調整しながら話しています。

これが、小手先のコミュニケーション・テクニックではない「人間の理解の本質」だからこそ、「解像度が高い人」はどんなに専門的な話でも、どんな相手でも、「物事をわかりやすく伝えられる」のです。

具体⇄抽象思考

提供：Bridgeman Images/アフロ

逆に、よく人とコミュニケーション・ギャップが生まれてしまうという人は、この「相手に応じて、具体度（抽象度）を変える」ということができていないことが、本当の原因です。

上の画像を見てください。まるで、思考のディスプレイのうち「具体化によって見えてきた部分」と「抽象化によって見えてきた部分」を自由に行き来するかのように、相手に応じて、「この相手には、これくらいの具体度で話すといいな」「この相手には、このくらいの抽象度で話すといいな」と、**「画像内で思考を調整する」**ことで、わかりやすい話を実現しています。

第5章では、この「具体⇅抽象思考力」

を鍛えるトレーニングを用意しています。

「問い」が思考を加速させる

- **問題7**　「商店街の八百屋」と「スーパーマーケットの野菜売り場」の違いを5つ挙げよ。
- **問題35**　「レトロブーム」が起きている商品の共通点から、成功法則を見つけなさい。
- **問題42**　「惑星」と「ジュネーブ」の間の抽象度の言葉を5つ挙げよ。

そして、この3つの思考力を鍛える方法として本書で採用したのが、このような「クイズ形式」です。なぜでしょうか。

皆さんも、「人に問われることで、思考が深まった」経験はありませんか。

私自身、この本をつくるにあたって、編集者さんからいろいろと「質問」をされることで、自分でも言語化できていなかった「新たな思考」に出会う経験をしました。

そうです。**人は問われることによって、思考を深める生き物**なのです。

ですから、この3つの思考力を鍛えるには、クイズ形式のトレーニングが最適でした。「頭の体操」とか「脳トレ」という比喩表現があるように、クイズを解くことは思考トレーニングにはうってつけです。

あくまでも私の思考法での参考解答を記載していますが、正解は一つではありません。皆さん一人ひとり自分の頭で一度考えてみてください。

この本の思考力トレーニングを通じて、多くの方が「解像度が高まる」ことの喜びを感じてくださったら、こんなに嬉しいことはありません。

目次

『「解像度が高い人」がすべてを手に入れる』

第2章 どうしたら解像度は高まるのか？

「高機能の思考レンズ」を手に入れる

第3章

思考の「画素数」を増やす

具体化思考トレーニング

第4章 思考の「画像幅」を広げる

抽象化思考トレーニング

実践トレーニング 226

第1章

解像度がすべて

「仕事ができる人」とは、
解像度が高い人

転職活動中のあなた。
今日は第一志望の会社の面接です。
あなたは一生懸命に志望動機を話しましたが、
面接官は、腑に落ちないご様子。
追い打ちをかけるように、追加の質問が飛んできます。

「うちの会社でどんなことを成し遂げたいですか?」

このような大事な場面で、
「鮮明なイメージ」を持って明確に答えられるか。
「ぼんやりとした思考」で、しどろもどろになるか。

「解像度が高いか低いか」が試されます。

「解像度」とは、具体的に何なのか?
なぜ「解像度」がそんなにも重要なのか?

まずは、「解像度」という言葉の
解像度を上げることから始めていきましょう。

そもそも「解像度」って何？

解像度とは本来、画像を紙に印刷したり、Web上にアップしたりするときなどに使用される用語です。

次のページの画像のように、解像度が高ければ画像は細部まで鮮明に見えますし、逆に解像度が低ければ画像はボケボケになり、何が写っているのかもよくわからなくなります。

近年、この「解像度」という言葉がビジネスシーンで使われるようになりました。「解像度が高い」とは、次のページの左の画像のように思考が鮮明な状態。まるでこの画像を実際に頭の中に描いているかのように「明確な像」を持っている状態を言います。

一方で、「解像度が低い」とは右の画像のように、思考にモヤがかかっていて、現状のことも未来のことも、何も見えていない状態。

解像度が高い画像

提供：Bridgeman Images/アフロ

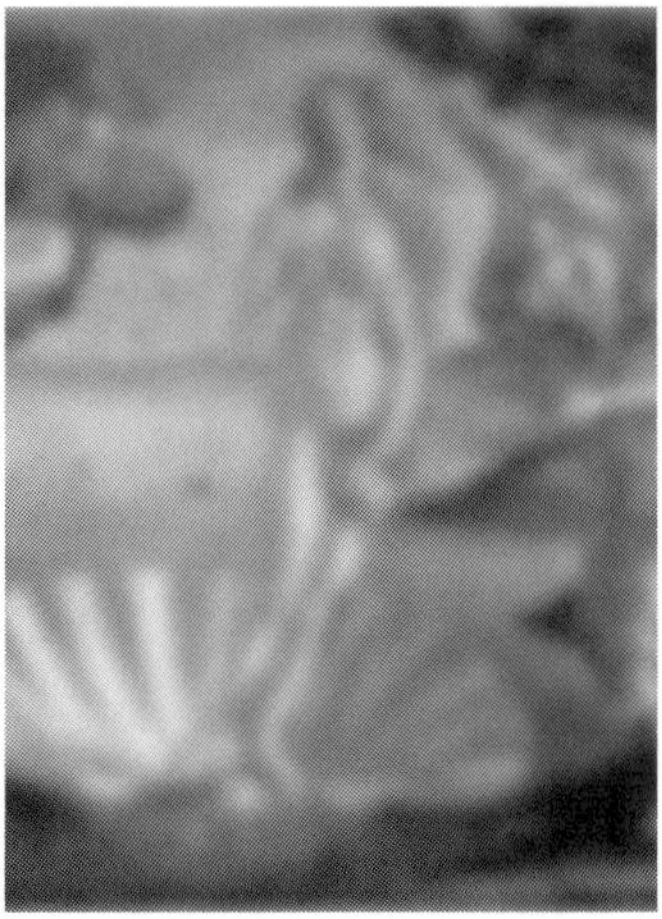

解像度が低い画像

意味合いとしては、**「物事への理解度が高い・低い」「物事を詳細に表現できる・できない」**といった意味で使用され、

- 話に「具体性」がなく、ふわっとしている
- 誰でも言える「安易な意見」しか言えない

- 「話がいまいち、ピンとこない」と言われる

などの状態を表現したりします。

これまでも「考えが深い」など類似の言葉はあったのにもかかわらず、わざわざ「解像度」という、「思考」とは別の言葉を使うようになったということは、既存の言葉では表現できないニュアンスがあったということです。

それが**「見えている・見えていない」**という概念でしょう。

「解像度が高い人」は「鮮明な画像」のように物事が細かく、広く「見えている」。「解像度が低い人」は「ぼやけた画像」のように、思考が曖昧で、ほとんど何も「見えていない」。

この「見えている・見えていない」という状態を表現するためには、既存の言葉では難しく、「解像度」というたとえが必要になったのだと考えられます。

では、より具体的に、**「解像度が低い」と仕事においてどんな困りごとが発生してし**

「解像度が高い人」と「解像度が低い人」

解像度が高い人		解像度が低い人
物事が細かく見えている	⟷	話に「具体性」がなく、ふわっとしている
ユニークで鋭い洞察を得ている	⟷	誰でも言える「安易な意見」しか言えない
物事をわかりやすく伝えられる	⟷	「話がいまいち、ピンとこない」と言われる

まうのか。

ここではまず、「解像度」をより深くご理解いただくために、こんなにもさまざまなビジネスシーンで、多くの人が「解像度」が低くて悩んでいる、という話をしていこうと思います。

上司への提案　話に「具体性」がなく、ふわっとしている…

さて、ひとくちに「解像度が低い」と言っても、その特徴は一つではありません。「はじめに」で「解像度が高い人」の特徴を3つお伝えしましたが、「解像度が低い人」の特徴はその裏返しと考えてください。

では、その1つ目の特徴とは何でしょうか。
それが「話に『具体性』がなく、ふわっとしている…」という点です。

この特徴は、仕事の場面でどんな風に現れるのでしょうか。具体的なシーンで見ていきましょう。

ここでの主人公はあなたです。あなたがこの登場人物になったと仮定して、読み進めてみてください。

SCENE 1

上司への提案

- 登場人物：上司（人事部長）、あなた（人事部 採用担当）
- 内容：どの求人媒体を利用すべきか？

あなたは中小企業に勤めるビジネスパーソン。近年、会社の業績は良好で、事業拡大を見込んでいます。

会社の拡大に伴い、採用を活発化することになりました。採用担当であるあなたの出番です。

人事部長「さて、○○さん、採用人数を大幅に拡大するよう、社長から指示があった」

あなた「そうですか。すぐに求人を出す必要がありそうですね」

人事部長「そうなんだ。○○さんはどの媒体に出したらいいと思う?」

あなた「うーん……。AかBの媒体がいいんじゃないですかね……」

人事部長「それはどうして?」

あなた「いやぁ……、有名ですし……」

人事部長「そもそも、求人媒体を決めるには、『どんな人を採用したいか』が基準になるよね。○○さんは、どんな人を採用すべきだと思う?」

あなた「ええっと……、優秀な人ではないですかねぇ……」

人事部長「優秀な人？　例えば、どんな人？」

あなた「……」

言葉を詰まらせてしまうあなた。そこに部長から、少しドキッとする質問が飛んできました。

人事部長「〇〇さん、採用担当として、『採用すべき人物像』はちゃんと見えていますか？」

もちろん、「採用すべき人物像」はあなた一人で決められるものではありません。心のどこかで「いや、そんなのは、人事部長か社長が決めることでしょ？」と言いたくもなってしまいます。

しかし、もしあなたが「仕事ができる人」になりたいと思っているのであれば、このままではマズそうです。

採用担当として「仕事ができる人」を目指すのであれば、「採用すべき人物像」について、**具体的なイメージ**を持って、具体例をポンポンと出せるようになる必要がありそうです。

「採用すべき人物」は何歳くらいの人なのか。これまでどんな業界にいて、どんな職種に就いていて、どんな経験を積んできた人でしょうか。仕事に対してどんな考え方を持っていて、それはどんな言動として現れ、どんな仕事習慣を持っているのか。前提として、会社の事業方針や採用すべき人の役割、職種、業務内容は何か。**あなたの頭の中に、「一人の人物像の絵」がありありと浮かぶまで具体化する必要がありそうです。**

このような「話に『具体性』がなく、ふわっとしている…」という悩みは、「解像度」のうちの**「具体化思考力」**が足りないせいで、**思考の「画素数」**を増やしていく必要があります。

会議

誰でも言える「安易な意見」しか言えない…

でも、「解像度が低い人」の困りごとはこれだけではありません。2つ目の特徴である「誰でも言える『安易な意見』しか言えない…」についても、見ていきましょう。

SCENE 2

会議

- 登場人物：上司（商品企画部長）、あなた含め5名（商品企画部メンバー）
- 会議名：商品企画部の会議
- 内容：最近の商品の流行について

ＳＣＥＮＥ１と同じく、あなたは中小企業に勤めるビジネスパーソン。しかし、今回は商品企画部の所属です。会社の売上の基となる商品やサービスを企画する重要な役割です。

「売れるもの」には流行り廃りがありますから、商品企画部の会議で「流行」の話になるのは日常茶飯事。今回は「レトロブーム」が話題に上りました。

Aさん　「最近、いろんなところでレトロブームが起きていますよね」

企画部長　「そうなんだね。例えば、どんなところで？」

Aさん　「代表的なのが『レトロ喫茶』です。昔ながらの雰囲気の喫茶店に行列ができているそうですよ」

Bさん　「たしかに、この間も韓国のアイドルグループのＰＶでみんな昭和っぽい服を着ていました」

Cさん　「そう言えば、西武園ゆうえんちが『昭和の商店街』をコンセプトにして人気を取り戻したことも話題になっていました」

企画部長　「そうなんだね。Ｃさん、なんで『レトロ』がブームなのだと思う？」

Cさん「いやぁ、単にブームだからかと……」

企画部長「……。ええっと……、Bさんはどう思うかな？」

Bさん「ええっと……、人は古いものに惹かれるからですかね……」

企画部長「……。Dさんはどう思うかな？」

Dさん「――レトロブームが起きているのは、喫茶店、洋服、遊園地ですよね。この3つの共通点って、『日常』ではないですかね。おそらく、人はレトロなものに『癒やし』を感じる。今って世の中がめまぐるしく動いている時代ですよね。おそらく、人はそれに疲れているんじゃないでしょうか。だからこそ、仕事以外のプライベートでは、その疲れを癒やしてほしい。その『癒やし』の役割をレトロが担っているんじゃないかと」

企画部長「おぉ……」

Dさん「うちの会社は雑貨のメーカーですよね。雑貨って、まさに人の日常のそばにあるものなので、雑貨に『レトロ』を組み合わせるのは、一つの解決策になるのではないかなと」

さて、どうでしたでしょうか。**あなたも、Dさんの話に思わず「ハッ」とさせられたのではないでしょうか。**

商品企画部であるからには、商品がより売れるようになるためのアイデア、すなわち「解決策」を提案できないといけません。しかし、反応を見ているとBさん・Cさんにはそれは難しそうです。

なぜなら、Bさん・Cさんはたまたま「情報」を知っていたというだけで、意見そのものは他の誰にでも言えそうな意見で、**思考の幅広さ**がありません。

一方、Dさんの意見はどうでしょうか。他の誰もがなかなか至らない、**「自分なりの気づき」**を持っています。おそらく、ここまでの意見が言える人はそうそういないでしょう。これはまさしく「解像度が高い人」の2つ目の特徴である**「ユニークで鋭い洞察を得ている」**状態です。

この「誰にでも言える『安易な意見』しか言えない」悩みは「具体化思考力」では解決できません。なぜなら、「具体化」は既存のものを細かく見ることであり、そこから「新たな気づき」にはなかなか至らないからです。

では、どうしたらこの悩みを解決できるのでしょうか。それが**「抽象化思考力」**です。

第2章で「抽象化とは何か？」という基本的なところから詳細にお伝えしていきますが、ここではひとまず**「共通点から成功法則を導き出す力」**とだけ覚えておいてください。

「はじめに」でもお伝えしたように、この「抽象化思考」から生み出される成功法則はまさに「物事の本質」ですので、だからこそ新しくかつ納得感のある「鋭い洞察」となり、人を魅了するのです。

この「抽象化思考力」はあなたの**思考の「画像幅」**を広げ、幅広い多様な考えを持つことができるようになります。

商談

「話がいまいち、ピンとこない」と言われる…

そして、「解像度が低い人」の困りごとはもう一つあります。それが3つ目の特徴である「『話がいまいち、ピンとこない』と言われる…」です。こちらも、見ていきましょう。

今回はあなたではなく、第三者の目線から登場人物のやり取りを見てみましょう。

SCENE 3

商談

・登場人物：クライアント（部長クラス）、Aさん（営業）
・内容：新商品開発の提案

Aさんは営業パーソン。今日はクライアントに新商品開発の提案にやってきました。

顧客 「今日は何か、面白い提案をお持ちいただいたそうですが……」

Aさん　「はい。御社の商品開発の在り方を一変させる提案になると自負しております。一言で申し上げれば、〝ストーリー〟を売る、ということです」

顧客　「ストーリー？」

Aさん　「はい。御社のユーザーはこれまで、御社の商品〝だけ〟をご覧になって購入を決められていたと思います。その結果、商品の単価や品質を競合他社と比較検討し、他社商品のほうが優れていればそちらを選ぶことも多かったのではないかと……」

顧客　「それはそうでしょうね。残念ながら、あらゆる点で競合に勝るという商品を作ることはなかなかできませんから」

Aさん　「ですから、商品〝だけ〟の魅力でなく、商品に付随する〝ストーリー〟に魅力を持たせることが重要なのです」

顧客　「なるほど……？」

Aさんは流暢なセールストークを続けますが、クライアントは何やら釈然としない様子です。

Aさん　「単品の商品それ自体を売ろう、買ってもらおうと考えるのではなく、その商品を買うことでどんな〝ストーリー〟が生まれるのか？ということに着目することがポイントです」

顧客　「……？」

Aさん　「その商品は、日常生活やビジネスのどんな場面で使われているのか？　そこでは日々、どんな〝ストーリー〟が生まれているのか？　それをイメージすることから、商品開発をスタートさせるわけです」

顧客　「？？？」

さて、このシーンを読んだあなたは、「SCENE1と似ている」と思ったかもしれません。

「具体化思考が足りないだけなんじゃ？」

そう思ったでしょうか。

しかし、実は少し違う問題なのです。

SCENE1の登場人物（あなた）は、「そもそも具体化（思考）ができていない人」でした。ですから、「具体化思考力」を鍛えれば悩みは解決されます。

しかし、今回のSCENE3のAさんは少し違いそうです。軽快なセールストークからもわかるようにAさんはとても聡明な人で、おそらく「具体化はできている人」だと考えられます。

では、今回のSCENE3では何が問題かと言うと、**「相手の『具体度（抽象度）』に合わせようとしていない」**という点にあります。

「はじめに」でもお伝えしたように、人には立場や知識、状況に応じて、「抽象的な話のほうが理解しやすい人」と「具体的な話のほうが理解しやすい人」とがいます。

先ほどのＡさんの話は、相手によってはむしろ理解しやすいかもしれません。例えば、企業の社長や役員など、比較的「大きな目」で物事を見ている立場の人の場合は、むしろ抽象的な話のほうが理解がしやすい。

ただ、今回のシーンの相手は部長クラスとはいえ、あくまで現場の人です。また、少し反応を見ていれば、少なくとも「抽象的な話のほうが理解しやすい人」ではないと判断でき、具体的な話にシフトすることもできます。

「解像度が高い人」がなぜ**「物事をわかりやすく伝えられる」**かというと、ただ「具体化思考」や「抽象化思考」ができるだけではなく、「具体（的）」と「抽象（的）」を自由に行き来しながら、相手が一番理解しやすい塩梅で話すことができる**思考の調整力**があるからです。

世の中にコミュニケーションの本がたくさん並ぶのに、なかなか解決しない原因はここにあります。コミュニケーション・ギャップが起きてしまう本質は、実はこの「相手の『具体度（抽象度）』に合わせようとしていない」ということなのです。

ただ、ここで一つ強調しておきたいのは、「『具体的』がよくて、『抽象的』がダメ」という単純な話ではないという点です。

これまでもお伝えしてきたように、「具体化」も「抽象化」も等しく重要です。両者は役割が違うというだけで、「解像度が高い人」になるには両方が欠かせません。

あくまで、ここでの問題は「相手に合わせていない」という点です。

今回のようなシーン、本当に優秀な人であれば、相手の反応を見て具体的な「たとえ話」などを使うでしょう。

例えば、〝ストーリー〟を売る、ということであれば、実際にその商品を購入した人が、日常生活の中でその商品をどんな風に使い、どんな暮らしを体現しているのか？

「クルマのテレビCMなどでは、そのクルマを購入したある一家が休日にピクニックに出かけたり、仕事で帰りが遅くなった夫を妻が駅まで迎えに来たり、息子を送り届けたり……といった日常風景をドラマ仕立ての短編ストーリーにしたものをよく見かけますよね？　要するに、あれと同じことです。そのような、消費者が買いたくなる体験ストーリーを想起してもらうことが大事なのです」

そんな風に「たとえ話」をするのもいいでしょう。それで、話はぐっと「具体(的)」になり、今回の「具体的な話のほうが理解しやすい人」には理解がしやすいものとなります。

「『話がいまいち、ピンとこない』と言われる…」という悩みを解決するには、このような「具体」と「抽象」を自由に行き来する**「具体⇅抽象思考力」**を鍛え、**「思考の画像内での調整力」**を身に付ける必要があるのです。

「仕事ができる人」とは、〝見ている世界〟が違う人

「99％の人には見えないもの」が見えている

さて、話は変わりますが、皆さんは「仕事ができる人」とはどんな人だと思いますか。

「業務スピードが速い人」でしょうか。

「コミュニケーションが上手な人」でしょうか。
「リーダーシップがある人」でしょうか。

どれも一理ありますが、ここでは「仕事の本質」から考えていきましょう。

「仕事の本質」とはそもそも何でしょうか。「仕事」とは基本的に「問題解決」をするものです。

消費者や顧客が抱えている「問題」がある。それに対して「解決策」を提示する。消費者や顧客はその対価として金銭を支払う。

これが「仕事の本質」でしょう。会社とは「問題解決」をするために存在しているものと言えます。

これは直接、消費者や顧客と接しない職種でも同じです。会社や上司から与えられる仕事のその先には、必ず消費者や顧客がいますから、消費者や顧客のことを考えたアウトプットが求められます。

では、この場合、「できる人」と「そうでない人」とは、どこで差がつくのでしょうか。以下の2つになります。

- ❶「他の多くの人には発見できない問題」をいかに見つけられるか？
- ❷「他の多くの人には気づけない解決策」をいかに見つけられるか？

このように、「問題」と「解決策」において、「他の人には見えないもの」が見えているからこそ、「差」が生まれるのであり、それこそが「仕事ができる人」です。

そして、もう一つ、「仕事の本質」があります。それは、「仕事は一人ではできない」ということです。

❶や❷のように、仮に他の人には見えない「問題」や「解決策」が見えたとしても、それを実現できなければ意味がありません。これらを起点に人を巻き込まなければ、

仕事は成り立たないのです。

ですから、

- ❸他の多くの人には見えない「問題」や「解決策」を、「他の多くの人にも見えるように伝えられる」

ということも「仕事ができる人」の必須条件と言えます。

この3つの観点で、「他の多くの人には見えていないもの」が唯一見えている。だからこそ、仕事において「価値」を提供することができる。

それこそが、「仕事ができる人」の本質です。

〝見ている世界〟は、「思考のレンズの解像度」で決まる

そして、これら「仕事ができる人」の3つの条件それぞれにおいて、「他の多くの人には見えていないものが唯一見えている状態」になるためには、どんな「能力」が必要でしょうか。

- ❶「他の多くの人には発見できない問題」をいかに見つけられるか？
  ↓具体化思考力
- ❷「他の多くの人には気づけない解決策」をいかに見つけられるか？
  ↓抽象化思考力
- ❸他の多くの人には見えない「問題」や「解決策」を、「他の多くの人にも見えるように伝えられる」
  ↓具体⇅抽象思考力

消費者や顧客が抱えている本当の「問題」は、消費者や顧客の表面だけを見ていてもわかりません。掘り下げて掘り下げて「潜在的な問題」に行き着くには「具体化思考力」が欠かせません。

しかし、この「具体化思考力」の「掘り下げる力」は、あくまで既存の事実を掘り下げるのみです。そこから、新たな解決策は出てきづらい。そこで、必要になるのが、「抽象化思考力」により、「自分なりの気づきを得る」という力です。

そして、❶と❷を人に伝え、多くの人を巻き込んでいく必要がある。これこそが、「具体⇅抽象思考力」によるものです。

つまり、「仕事の本質」から考えたときに、人が〝見ている世界〟はこの3つの能力の高さによって決まります。

この3つを兼ね備えた存在がまさに「解像度が高い人」ですから、「仕事ができる人」とは結局、「解像度が高い人」のことを言うのです。

第 2 章

どうしたら解像度は高まるのか？

「高機能の思考レンズ」を手に入れる

第1章では、
「解像度」とは、具体的に何なのか？
なぜ「仕事ができる人」とは「解像度が高い人」と
言えるのか？
を明らかにしました。

では、「解像度が高い人」になるためには、
どうしたらいいのか？
それが、「はじめに」でお伝えしたように、
「具体⇄抽象トレーニング」です。

なぜ「具体⇄抽象トレーニング」をすると、
解像度が高まるのか？

本章では、「解像度が高い人」の特徴を
具体的に掘り下げることで、
その理由を明らかにしていきましょう。

「解像度が高い人」とは何か？

本章では、「どうしたら解像度が高められるのか？」を明らかにします。結論を先に述べると、それが「具体⇅抽象トレーニング」になります。

なぜでしょうか？　その理由を明らかにするために、まずは「解像度が高い人」の特徴についての解像度を上げていきましょう。

「はじめに」や第1章でも述べているように、いくつかの要素に分解して定義すれば、以下に述べる3つの特徴があります。

特徴 1

99％の人には見えない所まで「物事が細かく見えている」

「解像度が高い人」の特徴として、第一に「物事が細かく見えている」ということが挙げられます。

例えば、営業の場合の例を考えてみましょう。

もし今月の受注目標が達成できなかったとします。

このときに、「解像度が低い人」の典型は、細かく分解せずにふわっとしたまま動き出すことです。

例えば、「受注件数が足りないなら、提案の際のトークスクリプトを見直そう」といった具合にです。

おそらくこの方に「なぜか？」と聞いても、答えられないでしょう。

一方、「解像度が高い人」は、物事を細かく分解して考えます。この例であれば、安易に結論を出すのではなく、まずは「受注」という結果に至るまでのプロセスを分解するでしょう。

「DM→電話→アポ→面談→提案→案件化」といった具合にです。

そして、それぞれについて、

- 今月は何件ずつできたのか？
- 過去の数字や目標の数字に対して、どれくらいショートしていたのか？

ここまで細かく分解し、そのうえで「前年同月比で、電話の件数がショートしている。今月、受注目標を達成できなかったのは、電話の件数が足りなかったからだ」といったように、細かく分解したうえで、適切に原因を突き止め、そのうえで改善に動き出します。

これであれば、「なぜか？」と問われたときにも、パッと具体的な数字を基に話すことができます。

これは、このような原因分析のときだけではありません。顧客像の具体化であれば、顧客がいま何に最も困っているかを把握していて、その悩みをどれくらいの頻度で感じていて、そのときどんな感情で、そのためにどんな商品やサービスを買っていて、どんな風に工夫をしているかなど、細かく見ています。

「解像度が高い人」が質問をされたときにパッと具体的な話ができるのは、このように普段の思考から、物事を細かく見ているからなのです。

特徴
2
99％の人には見えない「ユニークで鋭い洞察を得ている」

「解像度が高い人」は、第一に「物事が細かく見えている」と申し上げましたが、実はこれだけでは「解像度が高い人」の特徴としては十分とは言えません。

「解像度が高い人」の2つ目の特徴に、「ユニークで鋭い洞察を得ている」という特徴があります。

例えば、私があるコピーライターの方から聞いた話です。

その方に、「コミュニケーションにおいて、大事なことは何ですか?」と聞いたときのことです。

私は「言い方・伝え方を工夫する」といった答えが返ってくるものかと思っていました。

実際、「解像度が低い人」はこのような「安易な意見」を言うでしょう。

しかし、そのコピーライターの方から返ってきた答えは、

「相手の〝欲望のベクトル〟を意識する」

というものでした。

つまり、

「人というものは感情を持つ生き物で、話しているその時々で〝こうしたい〟という『無意識の欲望』を持っている。それを無理に曲げないことが、こちらの話を聞いてもらうためには大事」

ということです。

たしかに、「同じ言い方・伝え方」をしているのに、Aさんは感じよく映って、Bさんは感じが悪く映る、ということが頻繁にあります。

「言い方・伝え方」では説明できないこういった現象が起きている以上、「言い方・伝え方」はコミュニケーションの本質ではない、ということなのでしょう。

では、何がコミュニケーションの本質なのか。

おそらくこのコピーライターの方は、これまで膨大な「コミュニケーション」を見てきて、すべての成功している（あるいは失敗している）コミュニケーションの共通点を説明しようとすると、この「欲望のベクトル」というものが関係している、ということに行き着いたのだと思います。

何か一つのものだけ、あるいは表面的な見やすい所だけを見て「安易な結論」を言うのではなく、物事の背景に隠れた「本質」を見抜く。

こういった、思わず周りが「ハッ」としてしまうような「鋭い洞察」を持ち合わせているのが、「解像度が高い人」です。

特徴 3 99％の人にも見えるよう、「物事をわかりやすく伝えられる」

「解像度が高い人」の備える特徴3として、「物事をわかりやすく伝えられる」という要素があります。

これまでお話ししてきたことは、特徴1も特徴2も「99%の人には見えない」という事例でしたが、ただ本人に見えているだけでは、周囲から「解像度が高い」とは見なされません。

なぜなら、「その人に見えている」という事実が、第三者には説得力を持たないからです。

特徴1と特徴2は、「他の多くの人には見えないものが見えている」からこそ価値を持つわけですが、その「他の多くの人に見えないもの」を「他の多くの人」にもわかるようにしなければ、単に「意味のわからないことを言っている人」になってしまいます。

その点、「解像度が高い人」は、「自分に見えている（かつ99%の人には見えない）もの」を、あたかも見えているかのように「わかりやすく伝えることができる」能力があります。

お笑いコンビ・キングコングの西野亮廣さんは「解像度が高い人」の代表です。西野さんは、お笑い芸人の他に、俳優・絵本作家・小説家・作詞家・企業経営者などマルチに活躍しています。

その西野さんが近畿大学の卒業式に招かれてスピーチをしたときの話です。

そのとき、西野さんは卒業生に贈る言葉として「人生に失敗なんかない」というメッセージを伝えたのですが、これが後に「伝説のスピーチ」と呼ばれ、広く知られるようになりました。

かいつまんで紹介すれば――西野さんは「時計台の大時計の長針と短針が重なるのは1日に何回あるか？」というたとえ話をします。

1時台なら1時5分、2時台なら2時10分……という具合に、毎時約5分ずつずれながら針は重なっていきます。

短針が一周するのに12時間かかります。1時間に1回ずつ重なるとしたら、単純に考えると1日に24回重なりそうなものです。

ところが、正解は22回。

なぜなら、11時台には長針と短針が重なるタイミングがありません。重なったときには既に12時になっているからです。12時になると、時計台の鐘が鳴ります。

つまり、何が言いたいのかと言えば――「人生も同じ。鐘が鳴る前には、報われない時間が必ずある。自分にももちろんそんな時期があった。しかし、それは失敗ではない。世の中のタイミングと自分の中のタイミングがぴたりと重なる瞬間は必ずくる。報われない時間を過ごしているときには、自分は今、〝人生の11時台〟を迎えているのだと考えてほしい」という意味を込めた、西野さんからの卒業生へのメッセージだったわけです。

「人生（には報われない時間がある）」という言葉は、まさしく「多くの人には見えないもの」です。なぜなら、「形がないから」です。

そして、このとき、話している相手は「大学生」でした。

もちろん、優秀な方々であるとはいえ、「形のない、見えないもの」を理解するのは容易ではありません。

おそらく西野さんは、今回の相手（大学生）は「具体的な話」のほうが理解しやすい人たちだと考えたのでしょう。

西野さんの話がうまいのは、「人生」という「形のないもの」を、「時計」という「形のあるもの」にたとえたことです。

そうやって、「多くの人に見えるように」してあげたのです。

おそらく「解像度の高い人」代表である西野さんにとっては、「人生（には報われない時間がある）」ということだけでも、ご自身としてはイメージは湧くし、納得して理解をしているはずです。

しかし、おそらくこれは「具体的なことのほうが理解しやすい人」にとっては、わかるようでいて、イメージが湧きません。

この「自分には理解しているもの」をそのまま伝えても相手が理解できないときに、「他の多くの人にも理解できるようにできる」のが、「解像度が高い人」なのです。

どうしたら「解像度が高い人」になれるのか？

ここまでで「解像度の高い人」の3つの特徴が見えてきました。
それでは、この3つの特徴を得るためには、どうしたらいいのでしょうか。
それぞれ見ていきましょう。

メソッド 1

どうしたら「物事が細かく見える」のか？
――「具体化思考力」を鍛える

・そもそも「具体化」とは何か？

「具体化」とは何か？（例①）

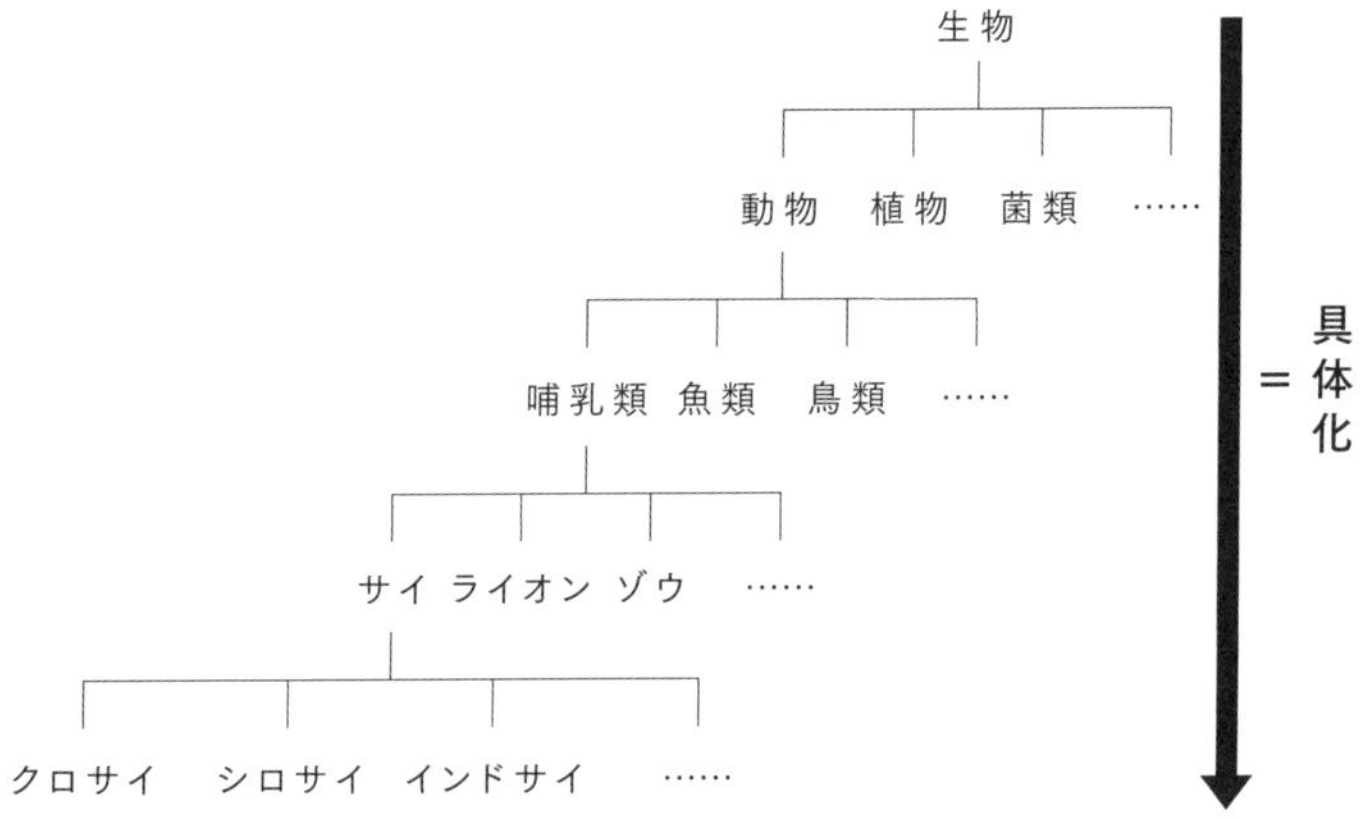

「解像度の高い人」の1つ目の特徴「物事が細かく見えている」状態になるためには、どうしたらいいのでしょうか。

それが、「『具体化思考力』を鍛える」になります。

なぜでしょうか？　その理由を解き明かすために、「そもそも、具体化とは何か？」から考えていきましょう。

「具体化」とはその名の通り、「具体的にすること」ですが、もう少し具体的に言うと、**「一つの事柄や概念を、違うもので分ける」**ことになります。

例えば、「生物」を具体化するとしましょう。

生物を具体化するとまず、「動物」「植物」「菌類」……、と分けることができます。

さらに、このうち「動物」を具体化すると、「哺乳類」「魚類」「鳥類」……、と分けられます。

さらに、このうち「哺乳類」を具体化すると、「サイ」「ライオン」「ゾウ」……、と分けられ、さらに「サイ」を具体化すると、「クロサイ」「シロサイ」「インドサイ」……、と分けることができます。


このように、ピラミッドを下に下がる作業が「具体化」になります。


もう一つ例を挙げると、例えば、「日本」を頂点とするピラミッドを考えてみましょう。

「日本」を「地理」と捉えて具体化していけば、その1つ下の2階層目は、例えば「東日本」「西日本」に2分割されます。2つ下の3階層目では、「東日本」を細分化して「関東甲信越」「東北」「東海」「北海道」となり、3つ下の4階層目では「関東甲信越」をさらに細分化して「東京都」「埼玉県」「千葉県」「神奈川県」「群馬県」「栃木県」……などとなり、4つ下の5階層目になると「東京都」は「23区」「26市」「5町」「8村」

「具体化」とは何か？（例②）

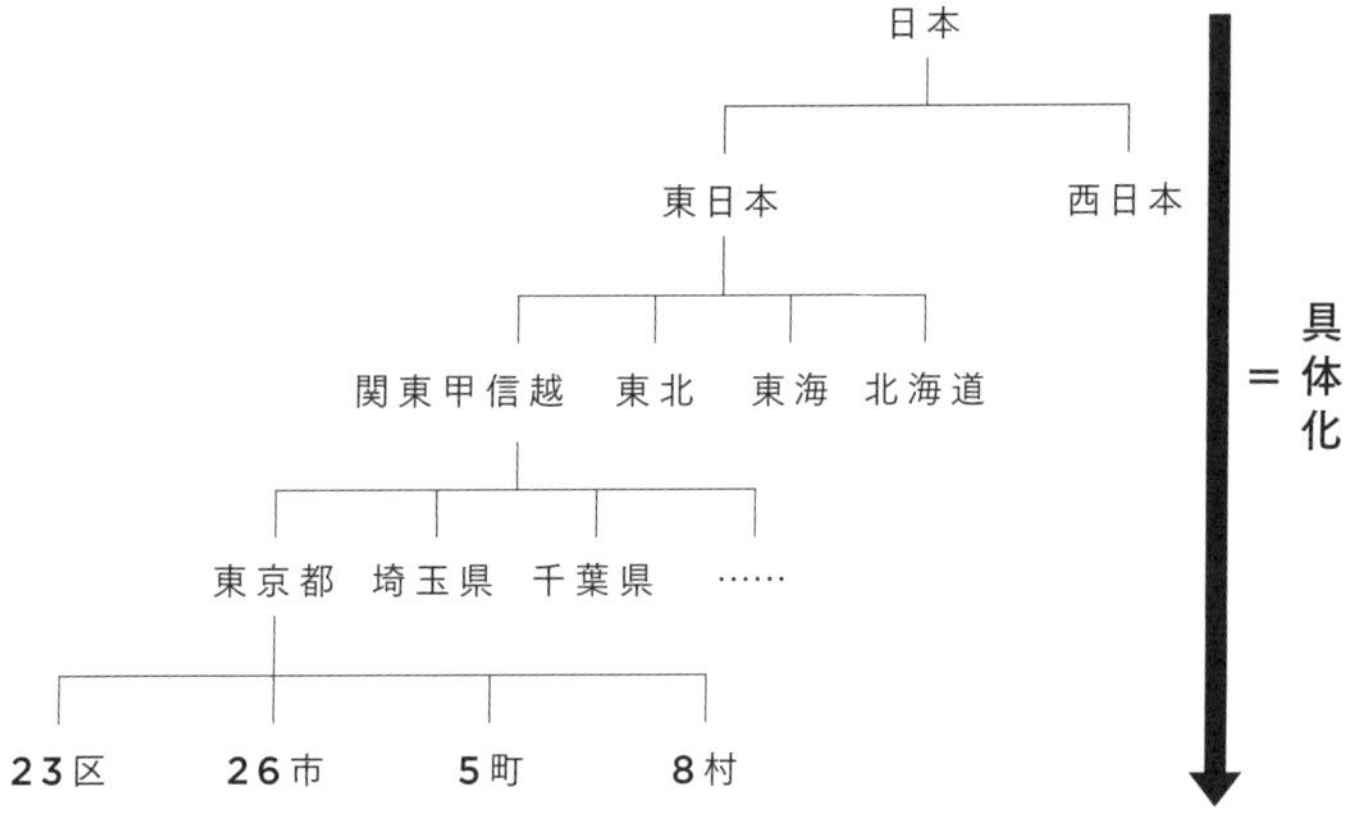

となり、どんどん細分化されていきます。
すなわち、「具体化する」ということは、一つの非常に大きな概念を、階層化・細分化していくことを意味しています。

このときに、何をしているのでしょうか？

それは、**「似たもの同士に違いをつける」**ということです。

「生物」の中には、「動物」「植物」「菌類」……が含まれます。それらは同じ「生物」の分類に含まれるので「似たもの同士」ではありますが、その中でも少しずつ違いがあります。

この「似ているけれども、違いのあるものを分ける」ということが「具体化」です。

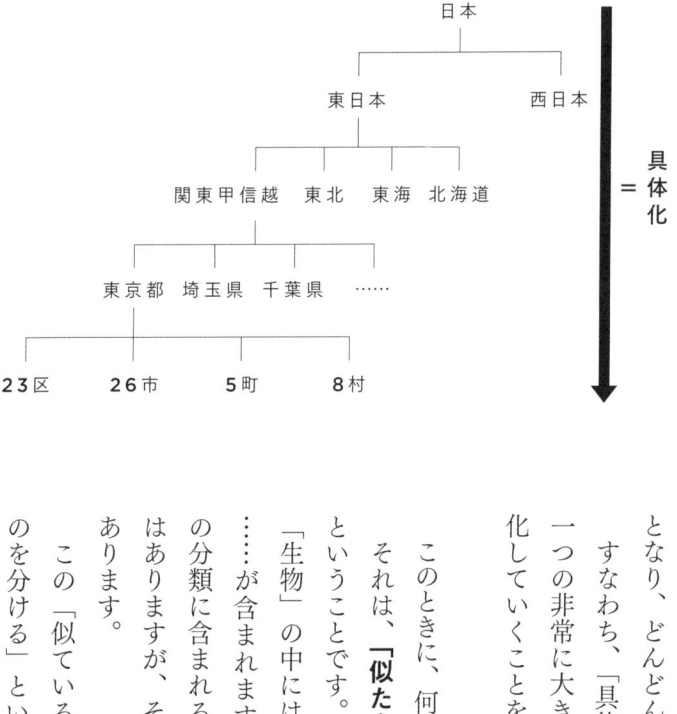

・なぜ具体化すると「物事が細かく見える」のか？

ここまでで、なぜ具体化すると「物事が細かく見える」のか、が見えてきたと思います。

具体化とは「似たもの同士に違いをつける」ということであり、この「似たもの同士に違いをつける」ということが、まさしく「物事を細かく見る」ということだからです。

例えば――レストランのオーナーが「収益向上」という目標を立てたとします。このときの「ふわっと見てしまう例」が、この「収益向上」を分解せずに、安易に「では、電気料金を節約しよう」などと結論づけることです。

一方で、この場合に「物事を細かく見る」ということは、「収益向上」を分解することです。

「収益」というのは「売上」から「コスト」を引いた残りですから、これを「向上」

「収益向上」を具体化する

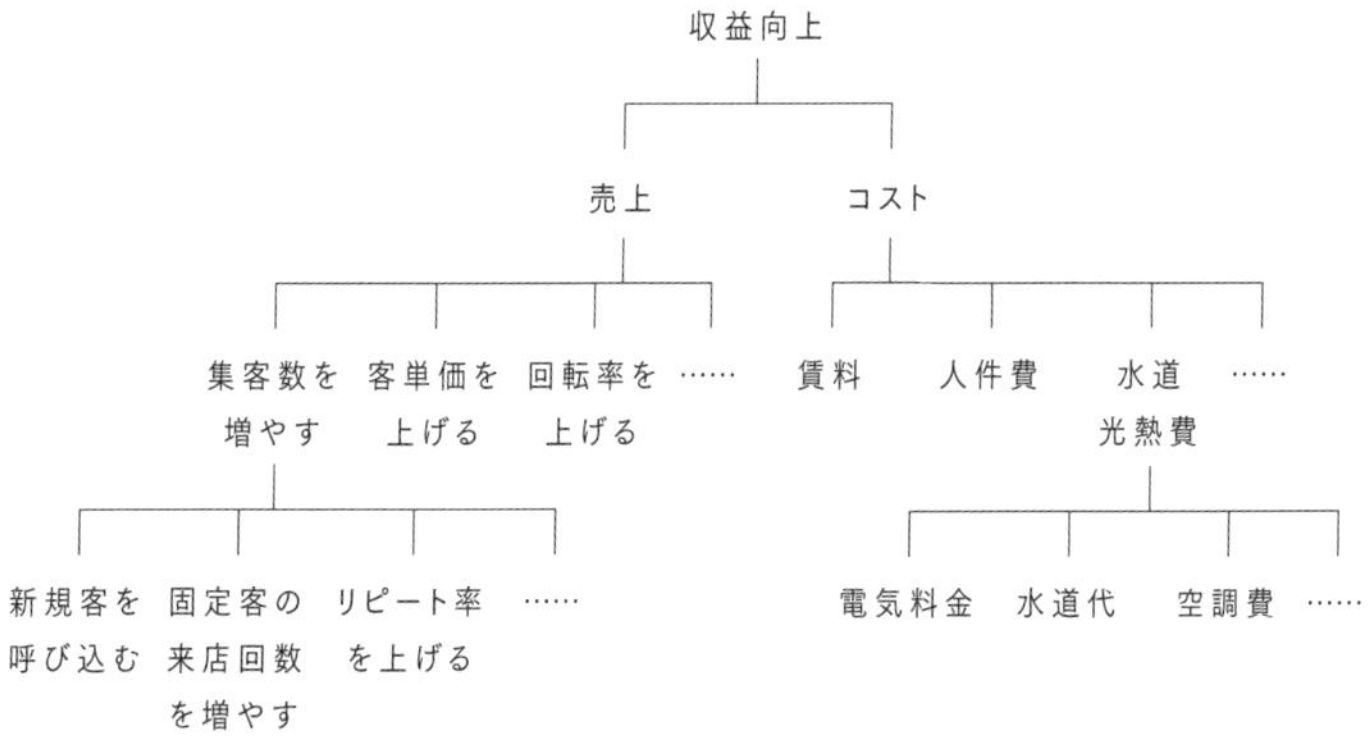

させるには、売上を上げるか、コストを下げるしかない。もしくはその両方です。

一口に「売上」とか「コスト」といっても、その中身は非常に細かく入り組んでいます。

レストランであれば、売上を上げるために、「集客数を増やす」のか、「客単価を上げる」のか、「回転率を上げる」のか。

集客数を増やすにしても、「新規客を呼び込む」のか、「固定客の来店回数を増やす」のか、「リピート率を上げる」のか。

コストを下げるのも同じことで、「賃料」「人件費」「水道光熱費」「材料費」「販促費」等々、さまざまなコストに分解ができます。

「収益向上」には「売上（向上）」と「コスト（削減）」の2つがある。さらに、「売上（向上）」には、「集客数を増やす」「客単価を上げる」「回転率を上げる」などがある。これらをそれぞれ、明確に分ける。

この過程は、まさに「似たもの同士に違いをつける」という作業であり、これこそが「物事を細かく見る」ということになるのです。

こうした具体化思考のプロセスを経ずに、例えば、「よし、電気料金を節約しよう」といった安易な行動になってしまうと、どうなるか？

そもそも、「コスト」の中で「電気料金」というのは「水道光熱費」の一部であり、全体の中のごくごく小さな一項目でしかありません。

さらに言えば、照明費というのは電気料金全体の中の一項目に過ぎず、レストランであれば、実際には空調費のほうが大きな割合を占めているかもしれません。

もっと言えば、照明が暗くなることで印象が悪くなり、集客力が落ちるかもしれません。

手元が暗いために生産性が低下し、料理の提供スピードが遅くなるかもしれません。食器の汚れを見落としたりして、クレームも増えるかもしれません。

このように「売上」に対する悪影響が考えられるだけでなく、店内が暗いと食器を割ったり備品を壊したりするミスも増加しかねず、逆に「コスト」は増えてしまうかもしれないのです。

そうなると、いかに具体化思考により「物事を細かく見るか」が、判断を誤らないために重要になりそうです。

メソッド2 どうしたら「ユニークで鋭い洞察を得られる」のか？ ――「抽象化思考力」を鍛える

・そもそも「抽象化」とは何か？

「解像度の高い人」の2つ目の特徴「ユニークで鋭い洞察を得ている」状態になるためには、どうしたらいいのでしょうか。

それが、『抽象化思考力』を鍛える」になります。

なぜでしょうか？　その理由を解き明かすために、「そもそも、抽象化とは何か？」から考えていきましょう。

「具体」と「抽象」は反対の概念です。ですから、「抽象化」は「具体化」の逆、**ピラミッドを上に上がる作業が「抽象化」**です。

先ほどの「日本」の「地理」の事例をそのまま逆転すればわかりやすいでしょう。

例えば、あなたが東京駅にいるとします。東京駅の周辺には丸の内、大手町、有楽町などの「千代田区」と、日本橋、八重洲、京橋などの「中央区」があり、さらに1階層上がれば「23区」、以下「東京都」→「関東甲信越」→「東日本」→「日本」とどんどん範囲が広がっていきます。

軸となっているのは**「違うもの同士の共通点を見つける」**ということ。

「東京都」「埼玉県」「千葉県」の共通点は何でしょうか。それが「関東甲信越」です。

では、「関東甲信越」「東北」「東海」「北海道」の共通点は何でしょうか。それが「東

「抽象化」とは何か？

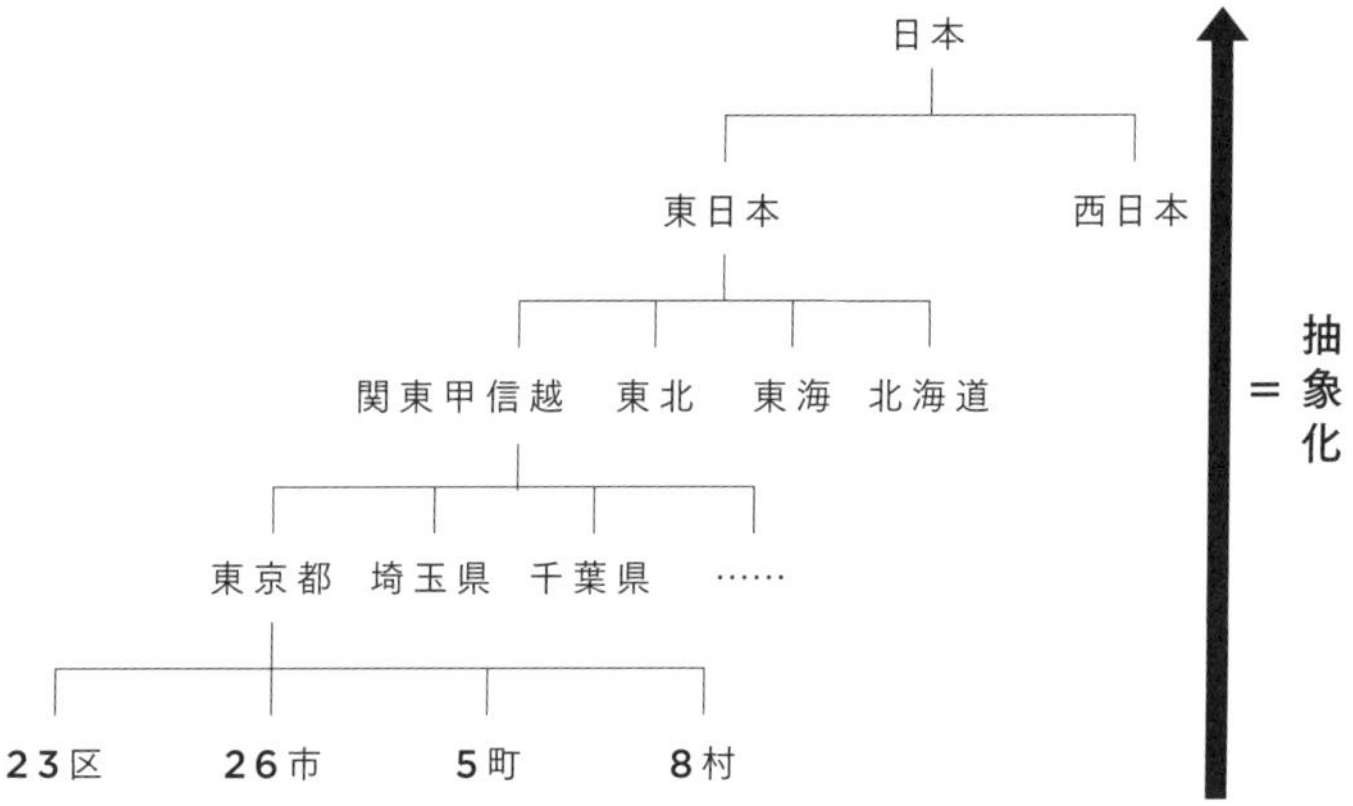

日本」です。

では、「東日本」「西日本」の共通点は何でしょうか。それが「日本」です。

さらに、「日本」を抽象化していけば、「東アジア」→「北半球」→「地球」→「太陽系」……といった具合にいくらでも抽象度を上げることも可能です。

共通点を見つけることで上へ上へと思考レベルが上がっていく。

こうして、ピラミッドの頂点までを形成していく営みが、抽象化ということになります。

・なぜ抽象化すると、「鋭い洞察を得られ

る」のか？

では、なぜ抽象化すると「鋭い洞察」を得られるのでしょうか。

言い換えれば、「共通点を見つけること」が、なぜ「鋭い洞察」と結びつくのでしょうか。

それは、「鋭い洞察」というものは、「成功例の共通点」から導き出されるからです。

例えば、新人の営業社員が、一日も早く「売れる」ようになるために、自社の売上成績No.1のトップセールスのやり方を真似することはよくあると思います。

しかし、それだけでそうそう成果が出るものではありません。

No.1のトップセールスが「ハキハキと元気なタイプ」だとしたら、それを真似ればいい、という考えです。これはまさしく「安易な解決策」と言わざるを得ません。

なぜこれでは成果は出ないのでしょうか。

一つの例だけを見て、その表面をさらっているだけだからです。

よくよく考えれば、営業成績のよい人の中には「物静かなタイプ」もたくさんいます。そういった方々も成果を出しているという事実を無視して、「ハキハキと元気」という一つの例だけを安易に真似ているから、的外れになってしまうのです。

では、どうすればいいのか？

例えば、No.1だけを見るのではなく、売上の上位10名のやり方をそれぞれ調べてみて、共通点を抽出する――というアプローチが考えられます。

No.1という一個人の場合と違い、上位集団に共通するやり方であれば、客観的であり本質的です。

このように10名の共通点を探ると、全員に共通する特徴は実は「引くことが上手」という点かもしれません。

人は感情を持った生き物。そして、「自分で決めたい生き物」。だから、商談時間の9割はむしろ「聞く」ことに充てていて、押すよりも引くことを意識している。

これであれば、営業成績のよい人の中に「物静かなタイプ」もいる、という矛盾も説明できますし、従来のハキハキした営業パーソンのイメージとはまた違うことから、「新たな気づき」があります。

ポイントは「表面上の見えやすい一つの部分」を見るのではなく、すべての成功例に共通している見えづらい部分」を見つけようとすることです。

「成功例の共通点」によって、その背景に隠れていた「新たな気づき」があるからこそ、抽象化できる人の意見には、思わず「ハッ」とさせられます。

このように、抽象化によって洞察を得る例として、ソフトバンクグループの創業者である孫正義さんの例を挙げましょう。

孫さんは、「時価総額10兆円を目指す」という目標を決めたときに、社長室の壁に世界の時価総額トップ企業10社のデータを貼り出して、毎月どこが上位に並んでいるかを見ていったと言います。

この話は、〝孫正義の参謀〟と呼ばれた元ソフトバンク社長室長・嶋聡さんから伺ったのですが、嶋さんが準備したデータを孫さんが分析して共通点を抽出し、それを自社の経営戦略に組み込んだことでソフトバンクは時価総額10兆円を実現した、ということです。

「はじめに」で「抽象化思考のできる人ほど『優秀で、仕事のできる人』」ということを申しましたが、さすがに孫正義さんほどの経営者ともなれば、抽象化思考は当たり前のようにやっておられるということのようです。

メソッド 3
どうしたら「物事をわかりやすく伝えられる」のか？
――「具体⇅抽象思考力」を鍛える

・そもそも「具体⇅抽象」とは何か？

「解像度の高い人」の3つ目の特徴「物事をわかりやすく伝えられる」状態になるためには、どうしたらいいのでしょうか。

それが、「『具体⇅抽象思考力』を鍛える」になります。

なぜでしょうか？

「具体⇅抽象思考」という言葉は、元もと一般用語にはない一種の〝造語〟ですから、まずはその意味するところを定義しておく必要があります。

「具体⇅抽象思考」とは、これまでお見せしてきたようなピラミッドを上に行ったり、

下に行ったりして、「具体」と「抽象」を行き来することです。

先ほどの「具体化思考」や「抽象化思考」で登場したピラミッドを思い出してください。

頂点が最も抽象的な「抽象度１００％」、底辺が最も具体的な「具体度１００％」となっています。

「具体化思考」は、このピラミッドの底辺に向かって掘り下げていく思考であり、「抽象化思考」は、ピラミッドの頂点に向かって組み上げていく思考だと申し上げました。

それに対して、「具体⇅抽象思考」とは、この頂点と底辺の間を行き来する思考のことを意味します。

言うまでもなく、「具体⇅抽象思考」ができる人というのは、「具体化思考」と「抽象化思考」のどちらも使いこなせている人に限られます。

従って、誰にでもすぐにできるというものではありません。

しかし、本書を読んで【メソッド１】【メソッド２】のトレーニングを十分に積んだ方であれば、習得することは決して難しくはありません。

・なぜ「具体⇅抽象」すると、「物事をわかりやすく伝えられる」のか？

既にここまでで、「具体」「抽象」とはそれぞれどういうものか？については皆さんも理解されているはずです。人は、誰もが同じ世界を見ているわけではありません。むしろ、一人ひとりがそれぞれ違う世界を見ていると言ってもいい。見ている世界の違いは、すなわち「具体⇅抽象レベル」の違いです。

とはいえ、世の中は「具体度100％の世界」や「抽象度100％の世界」に生きている人ばかりではないので、「具体寄り」「抽象寄り」の最適な階層に合わせて話をすることになるでしょう。

相手の「具体⇅抽象レベル」に合わない話をした場合、たとえ何一つ間違ったことは言っていなくても、あなたの意図は相手に伝わりません。

それも、誤解されるというレベルではなく、場合によっては根本から全く理解されないことになります。

コミュニケーションがうまくいかない場合、原因を「伝え方」「言い方」の問題と捉えて、いわゆる「話し方教室」などで学ぼうとする人がいます。しかし、残念ながら、たいていの教室ではあなたの悩みは解決しません。

なぜなら、コミュニケーション・ギャップが起きてしまう原因の多くは、相手との「具体⇅抽象レベル」の違いだからです。「具体的な話が理解しやすい人」に「抽象的な話」をしたり、逆に「抽象的な話が理解しやすい人」に「具体的な話」をしたりすると、相手は理解ができず、コミュニケーションにストレスが生じます。

「物事をわかりやすく伝えられる」ということは、つまるところ「『具体⇅抽象レベル』を相手と合わせる」ことなのです。

ちなみに、特に重要なのが「具体に合わせる」という作業です。

なぜなら、世の中の多くの人は「具体」の世界に生きているからです。

ですから、コミュニケーション・ギャップで一番多いのが、相手が「具体的な話が理解しやすい人」で、話し手が「抽象度の高い話をしてしまう」というケースです。

そういった人は特にこの「具体⇅抽象」の行き来を意識し、多くの人が生きている「具体」の世界に合わせた「抽象度（具体度）」で話をすることが、コミュニケーション・ギャップをなくすために重要なのです。

「問い」こそが思考を加速させる

すべての思考は「問い」から始まる

「はじめに」でも簡単に触れていますが、本書の第3章以降はクイズ形式の実践トレーニングとなっています。

内容はそれぞれ、本章でこれまで述べてきた「具体化思考力」、「抽象化思考力」、「具体⇅抽象思考力」を鍛えることを目的としたものです。

クイズ形式である理由は、思考というものは「問い」によって動き出すからです。

小学校でも、あるいは保育園・幼稚園でも、新入生に対する教育は先生の「問い」からスタートすると言われています。

なぜなら、すべての思考は「問い」から始まるからです。

皆さんも、自分のアウトプットに対して、意見をもらったからこそ新たな考えが浮かんできたという経験はありませんか。

それは、他人からの意見が「問い」となり、あなたの思考を加速させたからです。

元もと思考力のある人がなぜ思考力があるかというと、意識的にせよ無意識にせよ、日頃から自問自答を繰り返して思考を深めることが習慣づいているからなのです。

「問い」の種類で、引き出される思考が変わる

そして、「どんな問いを与えられるか」によって、人の「どんな思考が加速されるか」が変わってきます。

詳しくは各章の冒頭で紹介しますが、第3章の「具体化思考トレーニング」では「比べて、違いを問うクイズ」を出します。なぜなら、「具体化」とは「似たもの同士の違いを見つける」作業だからです。

第4章の「抽象化思考トレーニング」では、「比べて、共通点を問うクイズ」を出します。なぜなら、「抽象化」とは「違うもの同士の共通点を見つける」作業だからです。

最後の第5章「具体⇅抽象トレーニング」では、「比べて、間を問うクイズ」を出します。なぜなら、「具体⇅抽象思考」とは「具体」と「抽象」の間を行き来する作業だからです。

それぞれの思考力を鍛えるために最適なカリキュラムをご用意しました。

皆さま、心の準備はよろしいでしょうか？

では次章から、いよいよ「解像度を高めるための思考力トレーニング」の本番スタートです。

「はじめに」でも申し上げたように、解答例は一例として、自分の頭で考えてみてください。

第 3 章

思考の「画素数」を増やす

具体化思考トレーニング

第2章までで、「解像度が高い人」になるには、
「具体化思考力」「抽象化思考力」「具体⇄抽象思考力」
の3つを鍛える必要があることを、明らかにしました。

ここからいよいよ具体的な
「解像度トレーニング」に入っていきます。

まず、本章では「具体化思考力」の
トレーニングです。
これにより、思考の「画素数」を増やし、
「物事が細かく見える」ようにします。

でも皆さん、これまで仕事をする中で、何度も
「具体的に考えよう」とはしてきたのではないでしょうか？

なぜうまくできなかったのでしょうか？
どうしたら「具体化思考」ができるのでしょうか？
まずはその〝コツ〟から明らかにしていきましょう。

どうしたら、「具体化思考」ができるのか？

具体化とは「似たもの同士の違い」を見つけること

「解像度が高い人」の1つ目の特徴「物事が細かく見えている」状態になるためには、「具体化思考力」を鍛えることが必要だということは、前章までで明らかにした通りです。

「物事の理解が不十分」
「考えが粗く、具体性に欠ける」

こういった問題は、「解像度」の中でも「具体化思考力」を鍛えることで解決できます。

しかし、皆さんもこれまで何度も「具体的に考えよう」とはしてきたでしょうし、それができないから困っているかと思います。

では、どうすれば具体化思考ができるのか？

これを明らかにするために、「具体化」の本質をおさらいしましょう。それが、「似たもの同士に違いをつける」でした。

例えば、第2章で「生物」を具体化する例を出しました（83ページ）。「生物」を「動物」「植物」「菌類」などに具体化する際、何を行っているでしょうか。

「動物」も「植物」も「菌類」も、「生物」である点は共通しています。その意味でお互い「似たもの同士」です。

しかし、「似たもの同士」とはいえ、それぞれ「違う点」もあります。「動物」は自分の意思で動きますが、「植物」は一部の例外を除いては動いたりしません。「菌類」は他の2つに比べて「目に見えない」場合がほとんどです。この他にも、それぞれ違いはたくさんありそうです。

それぞれは、似ているけれども違いがあります。ですから、それぞれに固有の名前を付けて、分解するのです。

こうした、「似たもの同士に違いをつける」作業こそが「具体化」の本質なのです。そうやってピラミッドを下へ下へと掘り下げていくと、最終的にはそれ以上分解できないというところにたどり着きます。

「比べて、違いを問う」が、具体化思考を加速させる

そして、第2章の最後で、「人は問われることで、思考が加速される」とお伝えしま

した。

- 「具体化」とは、「似たもの同士に違いをつける」こと
- 人は問われることで、思考が加速される

この2つから、「具体化思考」を加速させるコツは、「比べて、違いを問う」になります。

具体例を挙げてみましょう。
例えば、アクエリアスという飲料があります。皆さん、「アクエリアスの特徴を具体的に挙げてください」と言われると、パッと思いつきますでしょうか。これだけだと、途方に暮れるか、具体化できても少し時間がかかりそうです。

しかし、**「『アクエリアス』の特徴を、『ポカリスエット』と比較しながら具体化してください」**と言われたら、具体化しやすくなるのではないでしょうか。

アクエリアスとポカリスエットの成分

	アクエリアス	ポカリスエット
エネルギー	19㎉	25㎉
タンパク質	0g	0g
脂質	0g	0g
炭水化物	4.7g	6.2g
食塩相当量	0.1g	0.12g
カリウム	8㎎	20㎎
マグネシウム	1.2㎎	0.6㎎
カルシウム	—	2㎎
イソロイシン	1㎎	—
バリン	1㎎	—
ロイシン	0.5㎎	—

いくつか切り口があると思いますが、例えば、「どんなシーンで飲まれているか」。ポカリスエットの場合、風邪をひいたなどの体調不良のときに飲む、というイメージがあると思います。アクエリアスのほうは、もっぱら高校の運動部の部活のときなどに飲むイメージがあります。

さらに、栄養成分についても比較してみましょう。それぞれのメーカーによる成分表示によれば、100㎖当たりの栄養成分は、上のようになっています。

タンパク質と脂質がゼロなのは同じ。エネルギーはポカリスエットのほうが豊富で、炭水化物含有量も多く、カルシウムが含まれています。

それに対して、アクエリアスはマグネシウム含有量が2倍で、イソロイシン、バリン、ロイシン（ＢＣＡＡと総称され、運動時の筋肉のエネルギー源となる必須アミノ酸）が成分表示されていることがわかります。

こうして比較をすることで、汗をかいたあとの水分補給という目的では「似たもの同士」であっても、ポカリスエットは体調不良時の発熱による汗、アクエリアスは激しい運動のあとの体温上昇による汗、という具合に差別化することができるわけです。「比べて、違いを問う」をすることで、一気に「具体化思考」が加速されました。

あなたが仮にアクエリアスの営業担当だとすれば、「ポカリスエットは風邪をひいたときなどに効果的ですが、夏の暑い時期に激しいスポーツをしたときの疲労回復には当社のアクエリアスのほうがより効果的です」といったセールストークができるわけです。

このように、このあとから開始する「具体化思考トレーニング」は、基本的に「比べて、違いを問う」形式になっています。

そして、この本を読み終えてからも、皆さんが「具体的に考えたい」ときには、「比べて、違いを問う」を意識しましょう。そうすれば、「具体化思考」が加速されます。

次ページより、実際に「問題を解く」ことで、具体化思考トレーニングに取り組んでいただきます。

「書いてあることをただ読む」のではなく、「問題文を読んで、一緒に答えを考える」ことを心がけてください。

出された問題に対して、解答例もお伝えしています。ただし、それはあくまで、「私の考えた解答例」でしかありません。

現実のビジネスと同じように、正解は一つではありません。

私の解答は一例であって、皆さんであれば、他にもいろいろな切り口が見つけられると思います。

ただ、私がどんな風に考えて、そのような答えを導き出したのか、その思考プロセスが皆さんの参考になれば幸いです。

勉強だとか思って小難しく身構えたりせず、どうぞ気楽に楽しんでください。

基本トレーニング 1

「抽象↓具体」トレーニング

問題 1

「免許がなくても運転できる乗り物」を5つ挙げよ。

まずは「具体化思考力トレーニング」の基本の基本として、「ピラミッドを上から下に〝瞬時に〟下がる」練習をしましょう。

抽象的な概念から、「『具体』を瞬発的に列挙していく」トレーニングです。

皆さんも実際に、ブレーンストーミングや、会社の会議などでも、何かを問われて、パッと具体例をいくつか挙げないといけないシーンはよくあると思います。

このトレーニングは、こういった際に、具体的な答えを瞬時にポンポン出すことができるという、言わば「瞬発力を高める」ことにつながります。

さて、問題1について、皆さんも考えてみてください。

…………

ヒントとしては、「似たもの同士に違いをつける」こと。そのために、まずは「運転するのに免許が必要な乗り物」にはどんなものがあるかを考えてみましょう。

まず、自動車がありますね。

次にバイク。他には、大きく「クルマ」として捉えるだけでなく、大型トラックやバス、クレーン車やブルドーザーのような工事作業車、あるいはレーシングカーなど、運転するのに普通自動車免許以外の免許が必要なクルマもあります。

電車や機関車、モノレールのように、定められた軌道上を走る乗り物にも免許は必要です。

また、一口に「乗り物」と言っても地上を走るものばかりではありません。モーターボートや小型以上の船舶、あるいは、空を飛ぶ飛行機やヘリコプターなども考えられます。

最初はここまでポンポンと出てこなくて大丈夫ですが、少なくとも「運転するのに免許が必要な乗り物」を考えることで、「免許がなくても運転できる乗り物」が出てきやすくなります。

身近なものとしては、自転車とか三輪車、車いす。あるいは、キックボードやスケートボード、ローラースケート、一輪車なども思いつくかもしれません。

地上以外の乗り物を挙げれば、カヌー、カヤック、手漕ぎボート、アヒルボートなんてものもあります。

スノーボードやサーフィンボードなどを含めてもいいでしょう。

問題は「免許がなくても運転できる乗り物」といきなり聞かれたとき、パッと答えが出てくるかどうかです。そのためにも、普段からこうしたトレーニングを積んで慣れておくことが大切です。

「免許がなくても運転できる乗り物」を具体化する

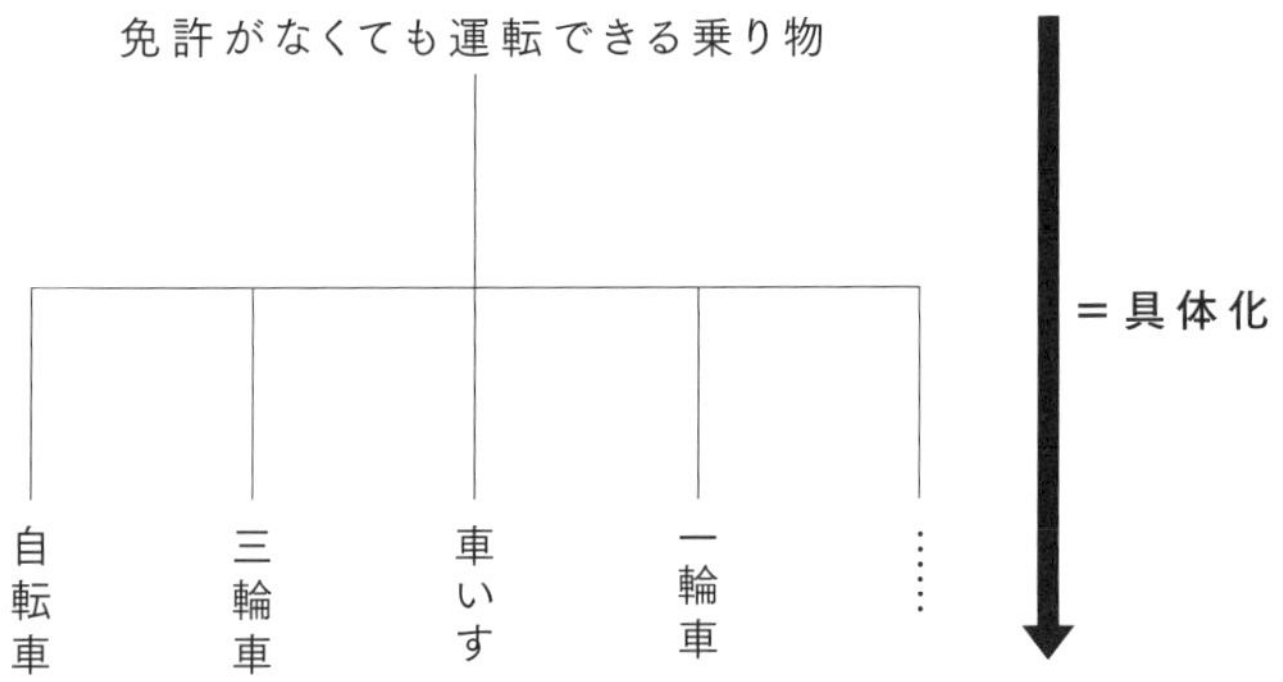

また、「5つ挙げよ」と、5つという数字で制約を挙げていることも、実は問いを立てる際のコツになってきます。

数の制約があるから、何とか5つは出そうとする。ただ「具体的に挙げよ」とだけ言われたら1つ、2つで止まるかもしれません。もちろん、出せる人はもっと出すかもしれませんが。

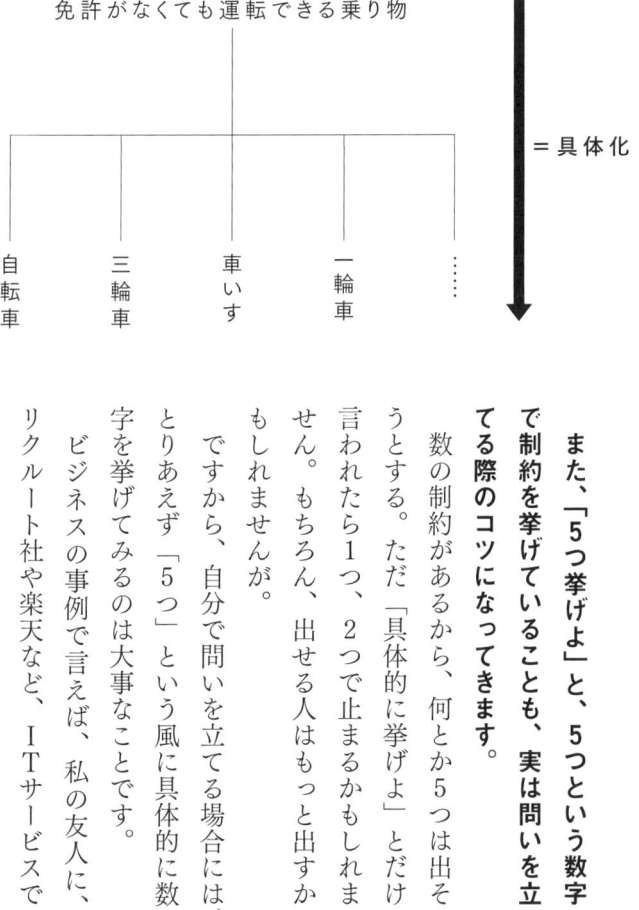

ですから、自分で問いを立てる場合には、とりあえず「5つ」という風に具体的に数字を挙げてみるのは大事なことです。

ビジネスの事例で言えば、私の友人に、リクルート社や楽天など、ITサービスでは日本でもトップランナーと呼べる企業で数々のサービスの事業開発を手がけてきたマネジャーの方がいらっしゃいます。

その方の場合、社内でチームのトレーニングをするときに、「売上の指標を20個挙げなさい」という風に、必ず「20」という数字を挙げて、無理やりにでも20個出させているそうです。メンバー一人ひとりの具体化思考力を高めるためのトレーニングです。

問題 2

「暗記系の高校の科目」を5つ、具体的に挙げよ。

この問題でも同じく、まずは「似ているけれど違うもの」、つまり「非暗記系の科目」を考えてみましょう。

例えば、「数学」は公式こそ覚えますが、問題の解答はむしろその公式を使いながら自分で考えて導き出しますので、非暗記系と言われることのほうが多いでしょう。

他にはどうでしょうか。

「物理」も同じく、物理学の方程式であるとか、法則を暗記はするものの、それを使って思考しながら解答を出す問題が多いので、非暗記系と言われます。

漢字は覚えますが、「国語」も非暗記系に入りそうです。

さて、これら「非暗記系の科目」と比較しながら、「暗記系の科目」を考えてみましょう。

「物理」が非暗記系なら、同じ「理科系科目」に入る「生物」や「化学」はどうでしょうか。

生物は、さまざまな生物の分類をはじめ、身体構造や各部位の機能などを示す専門用語など、多くの情報を暗記することで点が取れます。暗記科目と言っていいでしょう。

化学はどうでしょうか。元素記号や原子番号、さまざまな元素の化合物であったり、構造式や化学反応であったり、テストで点を取るには高度で専門的な知識と情報を暗記する必要があります。

では、「数学」「理科系科目」以外ではどんな科目があるでしょうか。「歴史」が考えられます。

世界史にしても、日本史にしても、年代と出来事、人物名など、非常に多くの情報を暗記する必要があり、その暗記量によってテストの点数は上がります。暗記科目と言えるでしょう。

ここまで考えていくと、地理や地学、政治経済なども「暗記科目」として考えられそうです。

問題 3
「モノを作らない業界」を5つ、具体的に挙げよ。

この問題に取り組む前に「モノ」という言葉を定義しておきましょう。

捉え方はいろいろあるかもしれませんが、ここでは「物理的な形のある製品」とします。

従って、ここで「違いを問う」対象となる「モノを作る業界」とは、「物理的な製品を生産する業界」ということになります。

いわゆる製造業、メーカーです。

例えば、自動車メーカーであるとか、家電メーカー、産業機械メーカー、あるいは食品メーカーや薬品メーカー、衣料品メーカー等々。

さらにはこれらの商品の材料となる鉄鋼やプラスチック、ガラス、セメント等々を作っているさまざまなメーカーが存在します。


これに対して、「モノを作らない」＝「物理的な形のある製品を生産しない」業界とは何かを考えるには、これらの「モノを作るメーカーの周辺にはどんな業界が存在しているのか」を考えると思いつきやすくなります。

例えば、自動車を作るのであれば、先ほど列挙した材料や産業機械、自動車部品などのメーカーの他にも、いろいろな要素が必要になってきます。


まずは「人」。人がいなければ何も作れません。その人をどうやって調達するのか？と考えると、「人材」業界という解答が出てきます。まさに、「モノを作らない業界」です。

次に、材料や産業機械、機械を動かす燃料なども調達する必要があり、ここで「商社」業界という解答が出てきます。作った自動車を海外などへ売るときにも商社の存在が欠かせません。

さらには、原材料を輸入したり、完成した商品を輸出したり、あるいは国内の販売店へ運ぶために必要な「物流」業界という解答も出てくるでしょう。これも「モノを作らない業界」です。

そして、これら一連の生産活動には多額の資金が必要になってきますから、事業の運転資金を調達するために「金融」業界という解答が出てきます。

この他、工場の生産管理や人員の勤怠管理その他、さまざまな業務を行ううえで現在ではコンピュータが必須であり、販売サービスにも対応する「ＩＴ」業界という解答も出ます。

他には、企業経営や人事等さまざまな課題解決をサポートする「コンサルティング」業界であるとか、従業員の心身の健康管理をサポートする「ヘルスケア」業界。あるいは、工場やオフィスを確保するための「不動産」業界など、「モノを作る業界」の周辺を考えることで、「モノを作らない業界」の具体化がしやすくなります。

メーカーのビジネスの流れをイメージしながら考えていけば、他にもまだいろいろ出てくると思います。

問題4 「人と人をつなぐ職業」を5つ、具体的に挙げよ。

最初に、「人と人をつなぐ職業」とは何か？をまず定義することにしましょう。

私の頭にまず浮かんだのは、「何らかのニーズがあるものの、実際には会えていない人」同士をつなぐ役割ではないか、という解釈です。

この解釈に従って、どんなニーズが、つまり、どんな「〜したい」があるのか、ということを考えるわけです。

そこで、「ニーズのある人と人をつなぐ」ということを前提として、そのニーズを出すというところから考えます。

切り口はいろいろあると思うのですが、ここでは「ライフイベント」に関わるニーズということにしましょう。
例えば「転職したい」とか、「結婚したい」とか、「不動産を買いたい」とか……。

その中で、「転職したい」というニーズに着目すれば、「人材紹介採用コンサルタント」という解答が出てきます。

「結婚したい」なら、「結婚相談所カウンセラー」。

「不動産を買いたい」なら、「不動産紹介エージェント」。これは不動産という「モノ」ではなく、不動産を管理している人を紹介する、つまり「売り手」と「買い手」、あるいは「貸し手」と「借り手」をつなぐという職業です。そういう風に解答を出していきます。

また、「人と人をつなぐ」と言っても、「個人と個人」とか「集団と個人」だけでなく「集団と集団」をつなぐという職業も考えられます。

単純に「個人と個人をマッチングする」というイメージ以外にも、例えば、「個人が集まって集団になる」という構造からは、「イベントコーディネーター」という職業が出てきます。

さらに、「企業と企業がつながる」という考え方もあって、そこで出てくるのが「営業顧問」という職業。企業の営業顧問に就いて、他の企業とつなぐという役割の人もいるわけです。

あとは、コミュニティマネジャー。

最近では、Web3.0という通信技術が一部で知られるようになっています。そういう業界へも進出してきているようですが、いわゆるコミュニティとか、メタバースの世界で集まってくる人をつなぐための職業です。

なお、お気づきのことと思いますが、この問題は少し例外的で、「比べて、違いを問う」という思考プロセスは用いておりません。その理由は、「人と人をつながない職業」という、つまり「ない」ほうから「ある」ほうへというのは考えにくい。対比関係になっていないからです。

基本トレーニング
2

「相違点探し」トレーニング

問題
5

「空港の書店」と「繁華街の書店」の違いを5つ挙げよ。

あなたがある単体の対象を具体化したい際にも、敢えて「似たもの同士を比べて、違いを問う」ことで、単体では見えてきづらい具体化ができるのを体験していただきます。

今回の問題の場合、まずは空港の書店、繁華街の書店が、具体的にどういう場所にある書店なのかを頭にイメージしたほうがわかりやすいと思います。

空港だったら、例えば羽田空港など。実際に行ったことのある場所を具体的に思い浮かべるのがコツです。

繁華街のほうも、例えば新宿の紀伊國屋書店であるとか、日本橋の丸善書店であるとか、具体的な場所を想定してみることがファーストステップになります。

次のステップでは、頭の中に描いたそれらの書店に来るお客さんはどんな人たちだろうと考えて具体化していきます。先ほど出てきた羽田空港や新宿という場所を踏まえて、そこを訪れる人びとにどんな違いがあるか、軸を立てて比較していくわけです。

羽田空港の書店を訪れるのはどんな人でしょうか。

まず、「来店頻度」という軸で見ると、毎日のように飛行機で全国を出張して回っているような人は例外として、基本的には、そう頻繁に訪れる人はいないと思われます。せいぜい1年に1回程度で、来店頻度は低いでしょう。

それに対して、新宿の書店の場合、訪れるのは新宿で働いている人とか、週末に新宿で人と会う予定があってそのついでに立ち寄る人などで、来店頻度はそれだけ高くなります。つまり、来店頻度という軸から「空港＝一見客」「繁華街＝常連客」という違いが見えてきます。

「来店目的」という軸で見ると、羽田空港の場合、書店に行くためにわざわざ空港まで足を運ぶ人はそうそういないでしょう。空港を利用する人が「飛行機の時刻までの時間つぶし」「フライト中の時間つぶし」に読む本を探すためというのが目的になると思われます。

一方、新宿の場合、時間つぶしのためというパターンも考えられますが、それ以外にも実用目的の本とか話題の新刊など、欲しい本や雑誌を買うという「明確な目的」で来店するパターンも多いでしょう。ここから「空港＝時間つぶし」「繁華街＝目的志向」という違いが読み取れます。

「品揃え」という軸で見ると、羽田空港の書店はスペースも狭いですし、各カテゴリの本を揃えるよりは、売れ筋の本を中心に陳列するなどして売り場をつくっています。

新宿には書店もいろいろありますが、特に紀伊國屋書店は1階から8階まで総面積約1500坪という大型店舗で、専門書も含めて各カテゴリを網羅した品揃えです。

ここから読み取れる違いが「空港＝衝動買い」「繁華街＝計画的」です。

また、この「衝動買い」という心理についてもう少し考えていくと、空港という場所には「衝動買い」を後押しする要因があります。つまり、空港へ行くのは何のためかと言えば、出張や帰省などもあるでしょうが、旅行目的のこともあります。旅行に出ると、誰しもが解放的な気分になり、財布のひももゆるみがちです。普段なら絶対に買わないようなものでも、旅先では思わず買ってしまう。なぜかと言えば、いつもの日常から離れた環境にあるからです。

空港のテナントには、高級ファッションやブランド品のショップも入っていますが、それもこうしたお客の「衝動買い」の心理に着目した出店戦略です。この心理は、本も同じ。普段、繁華街の書店で見かけても手に取らないような本を、空港の書店でなら思わず購入してしまうこともあります。すなわち、「空港＝非日常」「繁華街＝日常」という図式です。

それから、これも空港の書店ならではのケースですが、「そこでしか手に入らない」という本を置いている場合があります。例えば、地方の空港であったり、海外の空港であったり……。現地を紹介するローカルなガイドブックや郷土史の本など、そういう本が好きな知り合いに頼まれたり、あるいは気を利かせてお土産に買っていくというケースが考えられます。

これが新宿の書店の場合、例えば、書店の少ない地方在住の友人に頼まれて……といったケースはもちろん考えられますが、お土産として買っていくことは少々考えにくい。なぜなら、それこそ大型書店であれば、今どきは在庫検索も注文もネット上で完結するからです。従って、「空港＝土産用」「繁華街＝自分用」という違いがあると考えられます。

問題

6

「YouTubeの視聴者」と「TVの視聴者」の違いを5つ挙げよ。

「YouTubeの視聴者」と「TVの視聴者」。あなたが仮に単体の消費者やユーザーの人物像を具体化したいとしても、こちらの問題でも同じく敢えて「似た者同士を比べて、違いを問う」ことで、具体化思考を加速させます。

この問題では、比べる際に「5W1H」（正確には、5W1Hに「Whom」も加える）を軸として使ってみましょう。

まず、How、「どうやって見るのか」。

YouTubeを見るときには、検索して自分が見たい番組を選ぶという特性があります。「プロ野球の名シーンが見たい」「HIKAKINの動画が見たい」「時事ニュースが見たい」等々、自分が今見たいコンテンツを選んで視聴できます。

一方、テレビの場合は、近年ではBS、CSなどの多チャンネル放送を契約していれば選択肢の幅がかなり広がってきているものの、基本的には地上波とBSくらいの限られたチャンネルの中から、今放送されている番組を見ることになります。何となくテレビをつけて、「今どんな番組をやっているんだろう」くらいのノリです。見たい番組やいつも見ている番組はあっても、今まさに見たい番組を放送している、というタイミングはそうそうありません。

「YouTube＝能動的」「テレビ＝受動的」と言えるでしょう。

時間だけでなく、場所も限定されます。Ｗｈｅｒｅ、「どこで見るのか」という軸です。

YouTubeであれば、電車やクルマで移動をしている途中にスマートフォンで見ることもできます。

一方、テレビの場合は、基本的にテレビ受像機のあるその場所、例えば自宅のリビングであるとか、そういう決まった場所でしか見られません。

「YouTube＝どこでも視聴可」「テレビ＝視聴場所が決まっている」と言えそうです。

次はＷｈｏｍ、「誰を見るのか」という軸。本来は、「Ｗｈｙ＝なぜ見るのか」にしたいところですが、「見る理由」はあまりに幅が広いので、今回は「Ｗｈｏｍ＝誰を見るか」で具体化します。

これも、近年はかなり境界線が曖昧になってきているものの、YouTubeで見られている、いわゆるYouTuberと呼ばれる人びとは、中には芸能人以上に有名な人もいますが、基本的には多くが一般人です。だから、視聴者にとっては身近な存在、名もなき一般大衆の代表です。

一方で、テレビで見られている芸能人のほうは、どちらかと言えば視聴者からは遠くにいる憧れの存在。最近はYouTubeをやっている芸能人も少なくありませんが、基本的にはそういう位置づけになります。

「YouTube＝身近なヒーロー・ヒロイン」「テレビ＝芸能人」と言えそうです。

続いて、Ｗｈａｔ、「何を見るのか」。コンテンツの内容については、ニッチな内容とマス向けの内容のどちらかです。

基本的にテレビ番組にはならないような、非常に細かい、視聴者が限定されたコンテンツも、YouTubeではいくらでも出てきます。

テレビの場合、番組の制作費はスポンサーが負担していますから、マスの視聴率を取ることが基本戦略となり、「広く、浅く」という内容に収まりがちです。

「YouTube＝ニッチな内容」「テレビ＝マスの内容」となりそうです。

最後はＷｈｏ、「誰が見るのか」になります。

YouTubeの場合はスマートフォンというデバイスの特性もありますが、基本的に一人で見るというパターンが多いと思います。大勢で見るには画面が小さいので。

逆に、家族や友人たちと集まって、皆でワイワイ盛り上がりながら見るのであれば、大画面のテレビを見るというパターンになります。

「YouTube＝一人で見る」「テレビ＝家族や友人と見る」とも言えそうです。

問題 7 「商店街の八百屋」と「スーパーマーケットの野菜売り場」の違いを5つ挙げよ。

こちらも「物事が細かく見えている」になるためには、非常に重要な具体化です。この2つを「どちらも同じでしょ?」とひとくくりにして曖昧にしてしまうのが「解像度が低い人」。あなたはぜひこの2つに明確な違いをつけることで「解像度が高い人」になってください。

まずは、八百屋とスーパー、それぞれの「買い物シーン」を具体的にイメージしてみましょう。

八百屋へ行くと、店の主人が表に出てきて、お客と直接話しながら、「今日はこれがおすすめだよ」とか「これは煮付けにするとおいしいよ」などと言いながら商品の説明をしてくれます。

スーパーの野菜売り場へ行くと、そこにも人はいるかもしれませんが、やっていることは陳列とか品出しなどの作業で、産地がどうとか、こんな調理法があるとか、細かく教えてくれるわけではありません。野菜の置き場所を聞けば教えてくれるでしょうが、聞いてもいない野菜や果物を向こうからすすめてくるようなことはまずないでしょう。そういう意味で、八百屋の接客には「人間味」があり、スーパーの接客は「無機質」であるという違いがあります。

人間味のある八百屋であれば、例えば「今夜は子どもの夕食がいらないから、これ、半分にしてくれない？」とか、「こっちのニンジンとあっちのゴボウ、まとめていただくから、少しまけてくれない？」などとなじみのお客に頼まれたら、「ああ、いいよ」

と柔軟に応じてくれそうです。

一方、スーパーのレジ係にそんな注文をしようものなら、「そういうの、うちではできないんですよ」と素っ気なく断られるのがオチです。なおもしつこく頼んだらクレーマー扱いでしょう。スーパーの場合、どんなお客に対しても画一的な対応をするように店員に教育していますから、それが当然です。違いの2つ目は、「柔軟な対応」と「画一的な対応」と言えそうです。

3つ目に、やはり大資本が経営しているスーパーのほうが、個人経営の八百屋よりも多く設備投資を行っているケースが多く、どちらかと言えば、八百屋は現金払い、スーパーならキャッシュレスでも可、という店舗のほうがより一般的ではあると考えられます。「現金」と「キャッシュレス」とも言えそうです。

4つ目として、「初見で入りにくい」か「入りやすい」かという違い。初めて行く店の場合、例えば八百屋の店先で店主が常連客と世間話で盛り上がっているところに踏み込んでいくのはちょっと勇気がいるでしょう。一方、スーパーであれば店員の態度も事務的で、お客のほうから話しかけても会話は短く切り上げていますから、初めての店でも躊躇なく入っていけます。

5つ目として、「その日のもの」と「まとめ買い」という違いもありそうです。これには2通りのイメージがあります。八百屋の場合、今夜の夕食の食材であるとか、その日に使うものを少量だけ買うお客が多いです。スーパーだと、週末などに1週間分の食材をまとめ買いしていくお客も少なくありません。

これには施設の事情もあって、例えば、クルマで買い出しに行くという場合には、駐車場が完備されたスーパーへ行ったほうが安心です。個人経営の八百屋だと、クルマを駐めておく場所に困るからです。

ちなみに、イメージのもう一つは、店による野菜の仕入れです。八百屋の場合、朝、店主が市場へ行って、その日に売る分の新鮮な野菜を仕入れてきます。スーパーでは、バイヤーがまとめて仕入れてきた野菜を、コンテナトラックなどで各店舗に配送してくるケースが一般的です。大量にまとめて仕入れる分、スーパーの野菜は八百屋の野菜よりも単価を抑えることが可能になります。

なお、ここまでそれぞれの具体的なシーンを想定して違いを見つけてきましたが、この問題でも、前の問題と同じように**消費者像を具体化する**ことが可能です。

例えば、八百屋に来るお客は、個別対応や人とのコミュニケーションを喜ぶ人です。あなたが八百屋だとすれば、そういうお客の志向、八百屋ならではの特性を活かしてライバルとの差別化を図ることが大切です。

例えば、「近所の八百屋は現金対応のみだから、うちはキャッシュレス対応を導入して差別化しよう」という発想は、逆に八百屋のよさを失うことになりかねません。そういうリスクも念頭に置いて、自分の強みを模索していくのが正解かもしれません。

問題 8
「堅実で積み上げ型のサポータータイプ」と「チームを引っ張るリーダータイプ」の違いを5つ挙げよ。

この問題は、企業の採用戦略において、採用候補者にはどんな資質を求めるか？というのがテーマになっています。売りたい商品によって商品戦略やマーケティング戦略を変えるように、人材採用においても、求める人材によってどういう採用戦略を取るかは変わってきます。

解答例の1つ目は、「冷静」と「情熱」。これは「性格」を軸として捉えています。サポータータイプの人材は、周りの様子を見ながらサポーティブに動くことから、まず冷静に周囲を観察しながら業務を進めていきます。一方、リーダータイプの人材は、自分自身が前に進むぞ、というイメージ。例えば、部活でも全国大会を目指そうとか、自分から情熱を持って目標を立てて突き進むという性格になります。

2つ目は「安定」と「リスク」。軸は「行動特性」ということになります。サポータータイプの場合、チームの中心にどっしり構えるタイプのメンバーを据えて、自分はその周囲でサポーティブに動くことで安定する考え方です。リーダータイプでは、自身が積極的に攻めるので、リスクを取るという考え方になります。

ここまでで言えることは、サポータータイプの人材を求めるのであれば、会社の経営が安定しているということを前面に打ち出し、冷静にアピールすることで魅力を感じてもらえるでしょう。求める人材がリーダータイプであれば、新しい取り組みをしているということを強く訴えることで魅力を感じてもらえると思います。

続いて、3つ目にくるのが「数字」と「思い」。これは「どのようなことに共感するか」が軸となります。サポータータイプは定量的に物事を考えるため、数字を基にした情報を説明することで本人も腹落ちしやすい。リーダータイプの場合は、何を目指しているか、ビジョンを思い切り熱く語ってみせると共感が生まれやすくなります。

4つ目として、「勉強会」と「飲み会」。これは「どんなイベントが好きか」という軸になります。イベントなどは、実際に採用候補者の皆さんを集める場として、会社のほうでもいろいろ具体的な企画があると思いますが、サポータータイプの人には勉強会のような形で、その会社がやっていることを勉強しようという企画が受けるでしょうし、リーダータイプの人なら飲み会形式で、皆でワイワイしながら情熱を持って熱く語れるような場を設ける企画が好まれます。

5つ目が「青色」と「赤色」。これはストレートに、「好きな色は何か」という軸です。例えば、新卒採用イベントのポスターとかWeb広告をデザインするとき、サポータータイプの人を求めるなら「冷静の青」、リーダータイプが欲しいなら「情熱の赤」という具合です。もちろん、これはあくまでイメージカラーですから、サポータータイプだけど赤が好き、とか、リーダータイプで青が好き、という人はそれぞれ一定数いるでしょうし、全く関係ない色のほうが好きな人も多いかもしれません。

問題 9

「日本で一番ビジネスパーソンに愛される牛丼屋」と「日本で一番主婦（主夫）に愛される牛丼屋」の違いを5つ挙げよ。

この問題は非常にユニークと言いますか、まさしく正解のない、ある意味で思考トレーニングにふさわしい問題と言えるかもしれません。「『日本で一番ビジネスパーソンに愛される牛丼屋』と『日本で一番主婦（主夫）に愛される牛丼屋』」というのは、具体的なようでいて、その実、極めて抽象的な言葉です。「それっていったい、どんなビジネスパーソン、どんな主婦（主夫）なの？」と誰もが思うことでしょう。牛丼というものに対して、ビジネスパーソンが一番愛し得るパターンとか、主婦（主夫）が愛し得るパターンを、具体的にイメージするのがファーストステップになります。

まず、前提として考えたいのが、牛丼屋に足を運ぶビジネスパーソンと主婦（主夫）のそれぞれの「ペイン」です。ペインとは英語で「痛み」という意味の言葉ですが、マーケティング用語では、「お金を払ってでも何とかしたい」という強い欲求になります。

ビジネスパーソンは、「忙しい仕事の合間でもおいしい牛丼を安く食べたい」ということ。これに対して、主婦（主夫）は、「家でご飯をつくるのが面倒」というのがペインになっているのではないかと考えられます。ビジネスパーソンが牛丼屋に来る動機はわりと単純で、「うまい・安い・早い」の三拍子で説明がつくかもしれません。しかし、主婦（主夫）の大半はペインがなければまず来店しそうにない場所と言えます。

これを踏まえて、解答例の1つ目が「職場の近く」と「自宅の近く」。これは、5W1HではWhat、牛丼屋に対して「何を求めるか？」が軸になっています。ビジネスパーソンは、「さっと食べ終えて、すぐ仕事に戻らなくては……」という思いから職場の近くにある店を好み、主婦（主夫）はテイクアウトして家で食べたいので、自宅の近くにある店を好みます。

同じ発想から2つ目は「提供が早い」と「テイクアウトしやすい」も出てきます。これも軸はWhat、牛丼屋のサービスに「何を求めるか？」ですね。

3つ目は、「ボリュームがある」と「カスタマイズできる」。これも同じく、牛丼屋の〝牛丼という食べ物〟に「何を求めるか？」から出てくる答えです。ビジネスパーソンはどんぶり飯のボリュームに満足感を覚え、主婦（主夫）のほうはご飯の量を減らしたりすることができるのを喜びます。

さらに4つ目として挙げたいのが、「個人席やカウンターがある」と「テイクアウト専用カウンターがある」。これは、店舗の設備に「何を求めるか？」です。ビジネスパーソンでは、空いている席にスッと座って、さっさと食事を済ませたいというニーズがあるので、スペース効率がよく多くの席をつくれるカウンター席や、周囲を気にせず黙々と牛丼をかっ込める個人席を好む傾向があります。

主婦（主夫）の場合、そういう慌ただしく食事をするビジネスパーソンと並んでカウンター席に座ったり、混雑している店内で立って待っているのは苦痛ですから、テイクアウト客専用のカウンター席のような待機スペースを設けている店舗があったら嬉しいというニーズがあります。

5つ目は「トッピングが豊富」と「サイドメニューの種類が豊富」。3つ目と少し似ていますが、牛丼そのものではなくその周囲にあって〝牛丼と一緒に食べるもの〟に「何を求めるか？」ということです。また、ビジネスパーソンの言う「トッピング」には、別料金がかかる生卵やキムチだけでなく、無料で提供される紅ショウガや七味トウガラシなども含まれます。

一方、主婦（主夫）の言う「サイドメニュー」は、サラダやお新香、みそ汁などの定番だけでなく、スイーツなども含めて多くの選択肢があるということを意味しています。

問題
10
バレンタインに「義理チョコを一番もらう人」と「本命チョコを一番もらう人」の違いを5つ挙げよ。

これは、チョコレートの商品開発の事例を想定しています。義理チョコ用のチョコレートとして新商品を開発しようという場合、それだけを考えても解像度が上がらないので、なかなか思考は深まりません。

そこで、比較対象として「本命チョコを一番もらう人」を想定し、これと比較する形で「義理チョコを一番もらう人」の人物像を絞り込んでいくわけです。

こういう問題に答えるときのコツとしては、一度、それぞれ特定のある人物に当てはめて具体化してしまうことです。

「義理チョコ」のほうの人は、イメージとしては「人気者だが、結婚しても誰も『○○ロス』などと騒いだりせず、皆から祝福されるような人」。モデルとして、私がパッと思いついたのがHIKAKINさんです。YouTubeでいろいろな層から「親しみが湧く」という形で好感度が高いHIKAKINさんなら、「義理チョコなどは山ほどもらっていそうだ」というイメージがあるので、仮に置いています。

逆に、「本命チョコ」のほうの人は、「結婚をしたら大勢の人が『○○ロス』に陥り、多くのファンが泣くような人」。モデルとしては、私のイメージは福山雅治さんでしょうか。

そこで、「本命チョコを一番もらっていそうな人」として、この福山雅治さんをHIKAKINさんとの比較対象に配置してみました。

解答例としては、1つ目が「男女問わず友達」と「恋人にしたい」。これは、チョコを贈る側が、贈られる側を「どのように見ているか?」ということが軸になります。義理チョコは友達に、本命チョコは恋愛対象に贈るものだからです。

2つ目に「身近な存在」と「遠い存在」。これは【問題6】で触れた、YouTubeとテレビというお2人が主に活躍されているメディアの違いからくるイメージです。

3つ目は「リアル」と「セクシー」。HIKAKINさんのキャラクターの特徴として、等身大というか、非常にリアルで生々しい存在感があると思います。

一方、福山さんが歌番組で歌ったり、ドラマで役を演じるのをテレビ画面で見ていると、思わず現実を忘れてしまいそうになるセクシーさを感じているファンは少なくないと思います。

4つ目は「よくしゃべる」「落ち着いている」。「よくしゃべる」ほうは親しみやすく気軽に義理チョコが渡せそうです。

一方、「落ち着いている」ほうはかっこよくある半面、義理チョコを渡しづらい。本命チョコのほうが集まりそうです。

5つ目は「丸っこい」と「細身」。これは、モデルのお2人のそれぞれの「外見的特徴」を軸にしています。HIKAKINさんは、太ってはいないものの、顔も体形も何となく丸っこいイメージ。

一方の福山さんはスタイリッシュな細身の体形、という印象からきています。

これらの分析を踏まえて、バレンタインデーに向けた新商品を発売するとしたら、どんなチョコレートがふさわしいのかを考えていきます。

そう考えた結果、例えば、本命チョコなら、「素材も吟味して、パティシエが腕によりをかけて一つひとつ手づくりで仕上げ、パッケージもスタイリッシュに洗練されたデザインの高級チョコ」。

義理チョコなら、「誰でも気軽に手に取れる、気を遣わずに贈れる身近な価格帯」でありつつ、「幅広い層に受け入れられるパッケージデザイン」とか「丸っこい形状のチョコ」など、それぞれのモデルの比較のイメージがヒントになるでしょう。

問題
11
「日本で一番朝マックが売れるマック」と「日本で一番モバイルオーダーが多いマック」の違いを5つ挙げよ。

この問題は、マクドナルドに限らず、「店舗の出店エリアを考える」とか、「店舗の設備はどんな風にするか」とか、「商品企画はどうするか」とか、そういうことを考えるときに役立つ例題です。

「朝マック」と「モバイルオーダー」ですが、朝マックは販売時間が限定されているメニュー、モバイルオーダーは注文方法です。「モバイルオーダーで朝マックを注文する」こともできるわけで、本来は「比べて、違いを問う」ような対比関係にあるわけではありません。

では、なぜこの2つを比較するのかと言えば、朝マックもモバイルオーダーも、「マクドナルドが、顧客のために導入したサービス」という観点で見れば同じ意味合いを持っているからです。

ただし、2つは規模が全く違うサービスのため、例えば単純に売上を比較しても仕方がありません。そこで、この2つのサービスの利用客が「日本で一番多い」のはそれぞれどんな店舗か？　を考えていただくのが問題です。

これは、逆から見れば、「朝マックを買うお客」と「モバイルオーダーを利用するお客」はそれぞれどんな人物か？という消費者像を具体化することにもつながってきます。

解答例として1つ目が「朝の有効活用」と「タイパ意識」。軸はＷｈｙ、そのサービスを「なぜ使うのか？」です。朝マックを買いに店に立ち寄る人は、例えば、「朝は早めに会社に行って、少し仕事をする」とか、「営業先を訪問する前に、朝の空き時間を使うのにマクドナルドを利用する」などが考えられます。

タイパ（Time performance）意識とは、モバイルオーダー自体が「事前にスマホで予約すれば、列に並ばず買える」というサービスなので、モバイルオーダー利用者＝時間効率を意識する人ということで出てきた答えです。

2つ目は、「オフィスワーカー」と「育児中の親」。これはもちろんＷｈｏ、「誰が買うのか？」を軸にしています。もちろん、完全に一致するわけではなく、もっといろいろな人が利用するでしょうが、特に多いと思われたのがこの組み合わせでした。

そして、3つ目は「平日朝」と「土日」。これはＷｈｅｎ、「いつ買うのか？」が軸。

この2つ目と3つ目の解答は、特に関連性が深いので同時に解説していきましょう。

朝マックを「誰が」「いつ」購入しているのかと言えば、平日の朝などにオフィスワーカーが朝早く家を出て、会社の近くで食べるとか、コーヒーを飲みながら朝活するとか……そういうイメージがあります。

一方、モバイルオーダーを利用するのはどんな人びとかを考えると、例えば、勤務時間中のオフィスワーカーがいちいちモバイルオーダーで注文するかな？と疑問が湧いてきます。

他にどんな人がいるだろうかと考えると、例えば、育児中の親がいます。子どもがまだ小さいうちは、買い物や料理の最中も目を離せませんから、「今日のご飯はどうしようか？」と迷ったときなど、マクドナルドで済ませる場合も多いかもしれません。

また、「いつ」を考えるのであれば、スーパーなどが混雑していて買い物に時間がかかる土日の昼や夜には、モバイルオーダーであらかじめ注文しておいた商品を専用カウンターで受け取ってサッと家に帰れます。

4つ目は「オフィス街」と「住宅街」。これはＷｈｅｒｅ、「場所はどこか？」という軸になります。オフィスワーカーが平日朝、育児中の親が土日に立ち寄る場所ですから、わざわざ遠くまで足を延ばすことはありません。また、オフィス街の店舗の中でも、ただカウンターで商品を受け取るだけではなく、ついでに仕事や朝活をしようという目的で立ち寄っているわけですから、ノートパソコンを開いてちょっとした作業ができるくらいの環境が望ましいということになります。

また、モバイルオーダーの利用客が多い住宅街の店舗であれば、専用の受け渡し窓口や専任の担当者を配置するなど、利用しやすい体制が求められます。

そして、5つ目は「モーニング」と「セット＋サイドメニュー」。これはＷｈａｔ、「何を買うか？」が軸。朝マックのメニューは、各種マフィンなど単品でもオーダーできますが、オフィスワーカーが朝食に食べるため、コーヒーなどのドリンクとの「コンビ」や「バリューセット」の中からチョイスする場合が多いと思われます。これはちょうど、喫茶店の「モーニング」に相当するボリュームや価格帯の商品です。

一方、モバイルオーダーで土日に一家族分の昼食や夕食を注文するのであれば、子どものための「ハッピーセット」や人数分の「バリューセット」にプラスして単品のサイドメニューなども買っていくケースが多いでしょう。

基本トレーニング 3

「原因分析」トレーニング

問題 12

「身長・体重・筋肉量が大谷翔平と同じなのに、バットにボールが当たらない人」の原因を5段階に分解せよ。

ここからは、具体化思考の中でも、「原因分析」のトレーニングに入っていきます。

このトレーニングでは、「5段階に分解する」——つまり、設問からそれぞれの「具体⇅抽象ピラミッド」を構築することで、物事の表面だけを見ていては見えてこない「本当の原因」を突き止める練習に取り組んでいただきます。

解答の前に、ざっと今回の話の流れを申し上げておきます。

ＩＯＣ公式サイトによれば、大谷翔平選手は身長１９３㎝、体重95㎏。筋肉量まではわかりませんが、問題文に明記された「身長・体重・筋肉量が大谷翔平と同じ」という条件から、「バットにボールを当てる」という行為には、具体的にどんな要素があるのかを考えてみました。

一つは体格。身体には力を発揮するための筋肉が備わっているか？　十分な体格であるか？　もう一つは身体の使い方。この2つに分解することができます。

前提条件として体格には問題はないのですから、「比べて、違いを問う」ことから出てくる解答は「身体の使い方に問題がある」ということになります。

バットにボールが当たらない原因となっている身体の使い方を5階層にブレイクダウンします。「身体の使い方」なので、シンプルに自分の身体をイメージして、どんどん2つずつ分解していきます。ある程度細かくなったら、それぞれの動き方を見てみるのがよいかと思います。

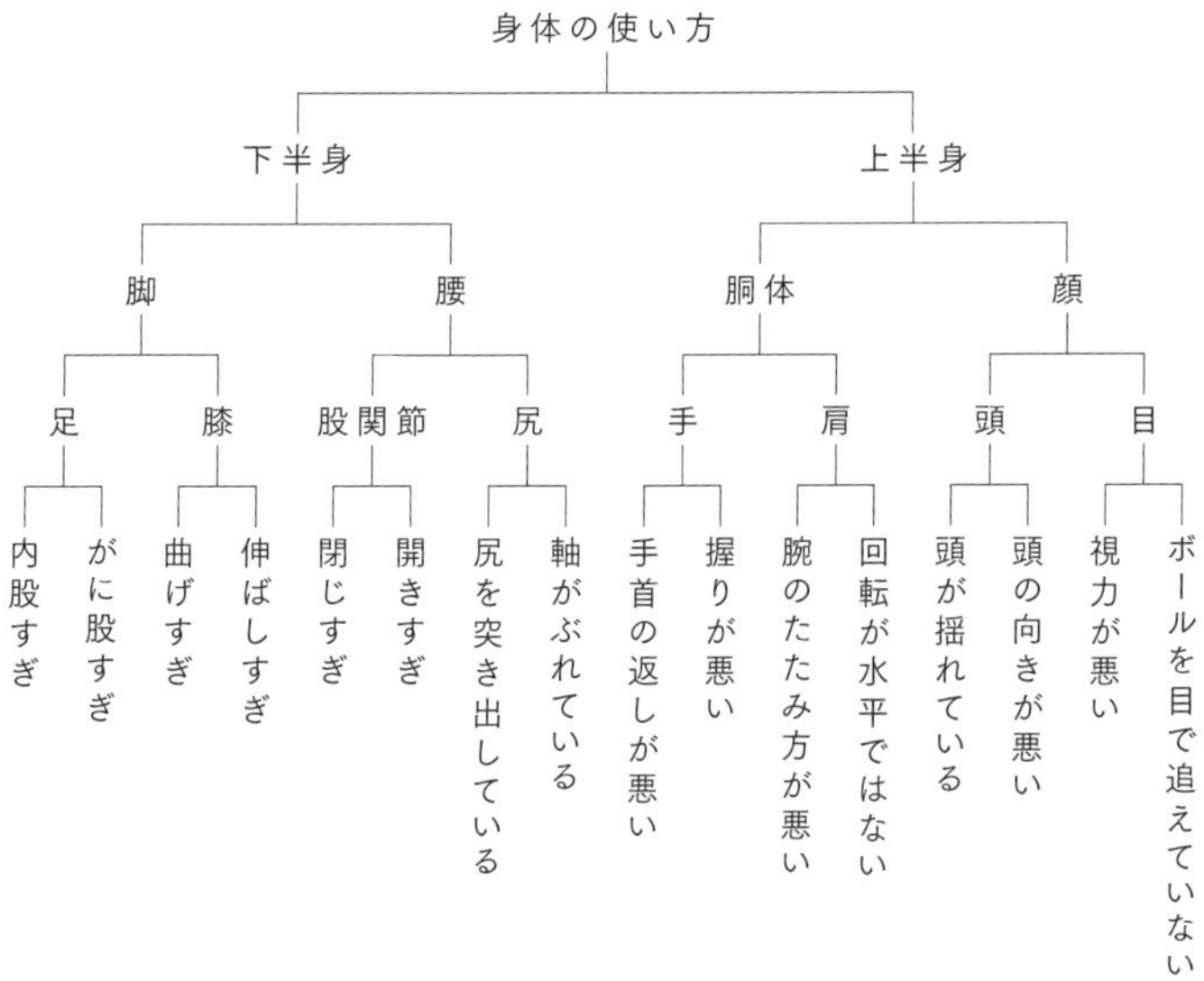

「身体の使い方」を頂点として、2階層目は「上半身の動き」と「下半身の動き」という2パターンに分解されます。

このあと、「上半身の動き」は「顔」と「胴体」のそれぞれの動きという形に分解できます。バットを振るとき、顔が動いたり、胴体が動いたりするからボールに当たらないわけです。ここが3階層目。

それから「顔」を分解して「目」と「頭」となります。ここが4階層目。

そして、最後の5階層目がいよいよ「バットにボールが当たらない」原因になります。「目」を分解して原因を特定すると、「ボールを目で追えていない」と「視力が悪い」。つまり、動体視力が原因か、さもなければ乱視や近視など視力そのものに原因があるか——という結論になるわけです。また、このとき、「頭」のほうが原因だったとすれば、「頭の向きが悪い」か、「頭が揺れている」かのどちらか——という結論になります。

以下、順番に見ていくと——3階層目で「胴体」に原因がある、となっているところは、4階層目は「肩」と「手」に分解することができます。そして、「肩」のほうが原因なら「肩の回転が水平ではない」とか「腕のたたみ方が悪い」とか。「手」が原因だとすれば「バットの握りが悪い」と「手首の返しが悪い」……という風になります。

なお、今回は自分の身体でイメージしてみましたが、これは自分の仕事であるとか、会社の経営であるとか、いろいろなモノに応用することができます。

問題
13

「さえない喫茶店」がさえない原因を5段階に分解せよ。

「さえない喫茶店」というワードは非常に抽象的で曖昧です。これをまず、明確に定義しなければなりません。

「外見がダサい」とか「入りづらい」とか「コーヒーがまずい」とか、パッと思いつくこともあると思いますが、ちゃんと構造的に経営分析の目線で見ないと根本的な対応はできません。そこで、収益の構造を軸に見ていく形になります。

この問題の狙いは、抽象的で曖昧なワードを具体化し、収益構造として見ることができるようになること。5階層まで分解して、「具体⇅抽象ピラミッド」を構築します。

まず、頂点が「収益」。これを分解すると、2階層目が、「売上」と「コスト」になります。

これは第2章でごくかいつまんで紹介した「収益向上を目標に掲げるレストラン」の例題のバリエーションになります。

「売上」を分解すると、3階層目は「新規顧客」と「既存顧客」になります。これは「一見さん」と「常連さん」と言い換えてもいいでしょう。

「新規顧客」をさらに分解して、4階層目は「集客」と「販売」。「集客」はお客さんを集めて、お店まで来てもらうところまでの工程。「販売」は、お客さんが実際に何人来て、いくらの売上になったかという、客単価の話になります。

なお、この「集客」と「販売」というのは、「新規顧客」からの4階層目であるだけでなく、「既存顧客」からの4階層目でもあります。

「集客」を分解すると、5階層目は「認知」と「行動」の2つになります。「認知」は、そもそもお店を知るということを指します。例えば、Googleマップで検索するとか、食べログで検索するとか、新聞などの折り込みチラシで見るとか。

そして、「行動」とは、実際にお客さんがお店に入ることを促すフォローを指しています。例えば、食べログを見て認知をしたときに口コミ評価が高ければ「行きたい」と思うようになります。あるいは、ホームページに情報が載っていれば、「ちゃんとした店なんだな」と感じて行きたいと思う……というような、実際に行きたいと思わせ、行動を促すということを指します。

一方、既存顧客の4階層目の「集客」を分解すると、既に認知したあとなので「再認知」と「行動」の2つ、ということになります。「再認知」とは、例えば、LINE登録すると公式アカウントからメッセージが届くなどの、改めてお店のことを思い出してもらうためのアプローチです。「販売」のほうは新規顧客と同じく、「顧客数」「客

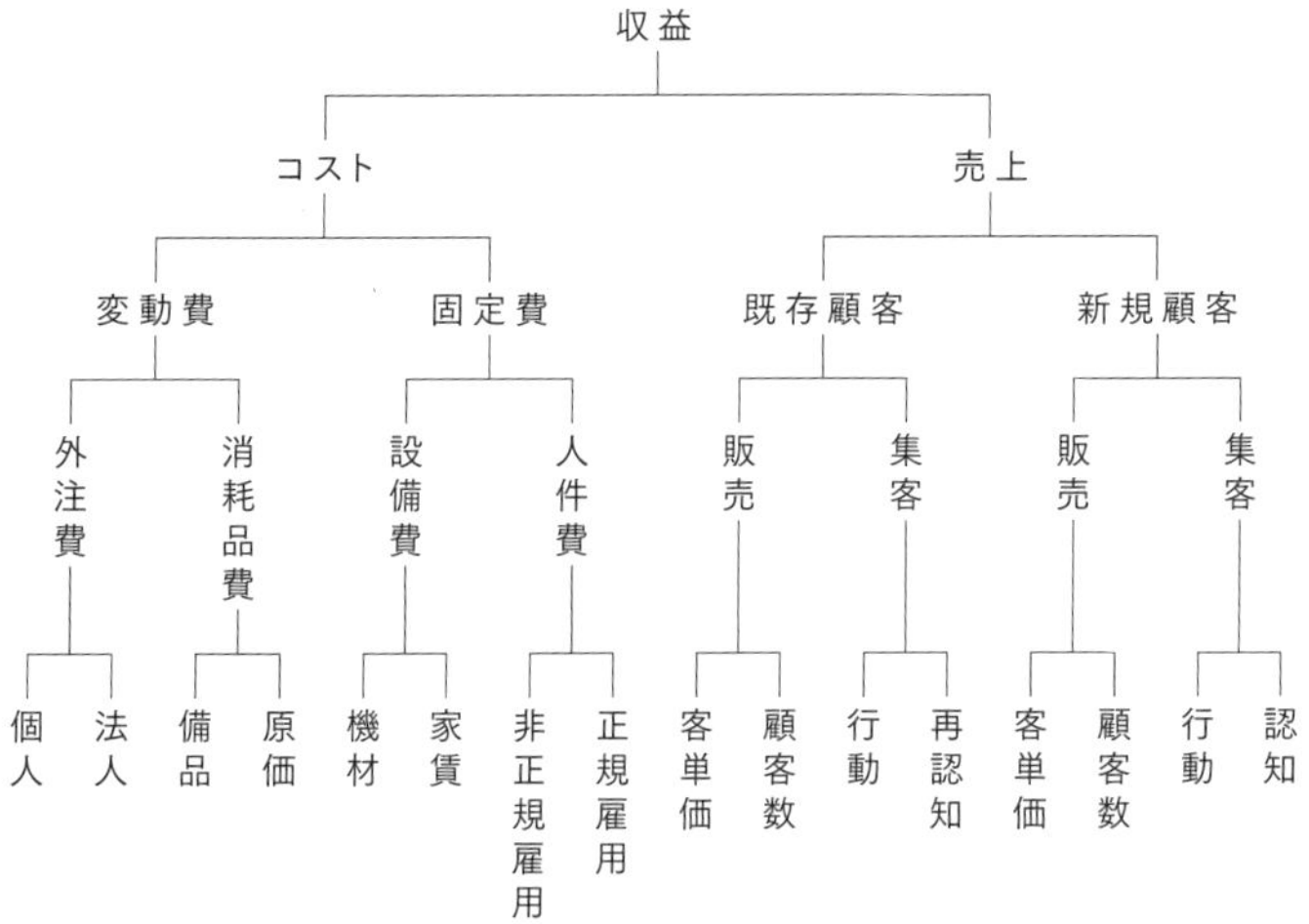

単価」です。

また、2階層目の「コスト」からのブレイクダウンは、「固定費」と「変動費」が3階層目。「固定費」は「人件費」と「設備費」、「変動費」は「消耗品費」と「外注費」がそれぞれ4階層目となります。

細かくMECEを見て検証していけば、もっといろいろな分解が可能になると思います。

こうして5階層目までのピラミッドを書き出したら、あとは「さえない」原因がどこにあるのかを検証する作業となります。

問題 14

「売上1億円」を達成できなかった原因を5段階に分解せよ。

売上1億円を達成するためのチームの目標未達の原因を分解する――。

まず、大前提として、一つ前の「さえない喫茶店」の問題がBtoCということもあり、この問題ではBtoBの営業マーケティング支援サービスという設定にして、新規事業の売上目標1億円が未達に終わった営業組織を分解し、目標未達の原因分析を行うという形にしました。

これに伴い、1階層目には本来は「売上」がくるわけですが、ここでは「100万円×100件」という具体的な数字を入れることにします。

「100万円×100件」からの2階層目で「新規顧客」と「既存顧客」に分解、3階層目でそれぞれ「集客」と「販売」に分解して、4階層目で「集客」を「認知」または「再認知」と「行動」に分解します。

一方、「販売」ですが、「新規顧客」の4階層目で「初回商談」と「最終商談」とい

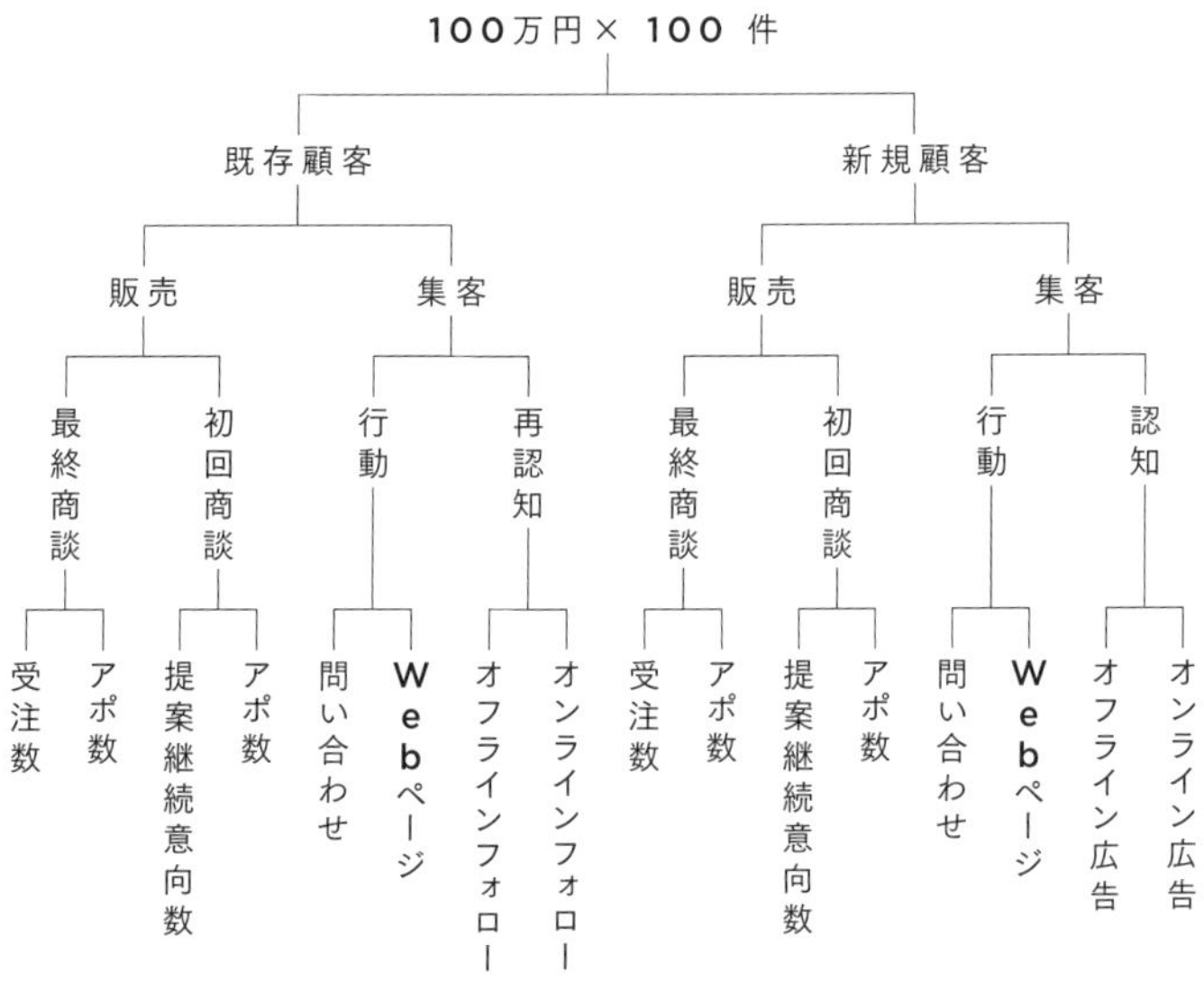

う2つの営業プロセスに分解しています。「既存顧客」も同じく、4階層目で「販売」を「初回商談」と「最終商談」の2つに分解しました。

「新規顧客」から「集客」、「認知」と掘り下げた5階層目が「オンライン広告」と「オフライン広告」。「行動」は「Webページ」と「問い合わせ」に分解しています。「初回商談」からのブレイクダウンが、「アポ数」と「提案継続意向数」（提案先から次回の商談を了承された数）。「最終商談」は「アポ数」と「受注数」になります。

「既存顧客」からの「集客」、「再認知」の5階層目が、ユーザーリストに対する一斉配信などによる「オンラインフォロー」と

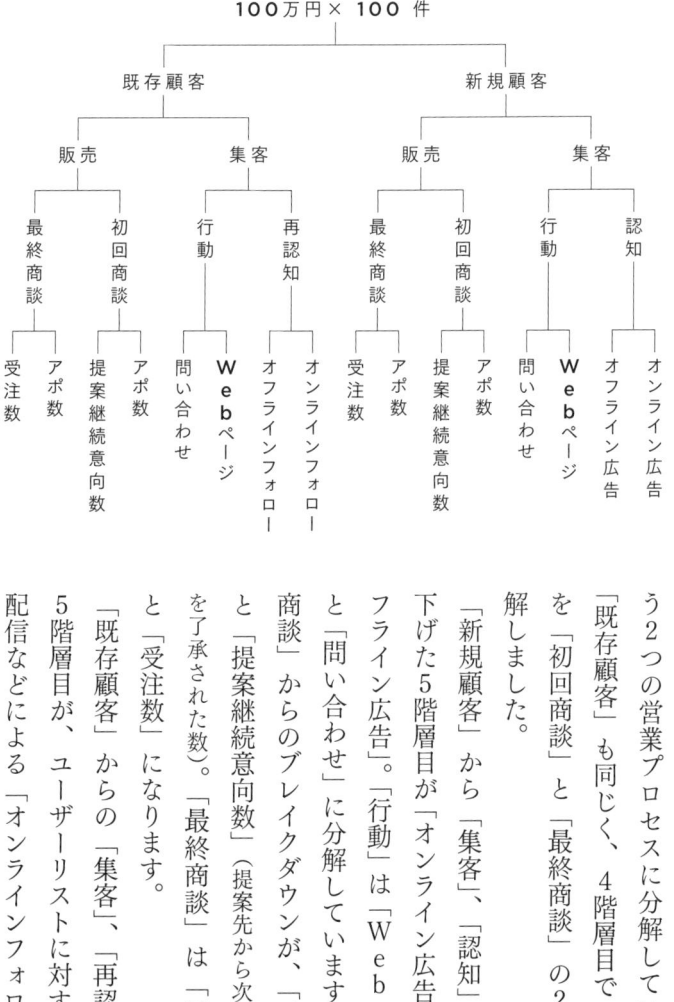

「オフラインフォロー」、「行動」からのブレイクダウンが「Ｗｅｂページ」と「問い合わせ」となります。

「初回商談」からの5階層目が「アポ数」と「提案継続意向数」、「最終商談」からの5階層目が「アポ数」と「受注数」というのは、「新規顧客」と同じです。


こうして5階層に分解した結果、どこが原因になっているのかというと、結局は5階層目ができていないという話になります。

「オンライン広告にアクセスが来ていない」とか、「オンライン広告がクリックされていない」など、「新規顧客」の「認知」ができていないのか。あるいは、オフライン広告（郵送ＤＭなど）が効果を上げていないのか。

はたまた、「行動」のほうで「Ｗｅｂページにアクセスが来ていない」とか「Ｗｅｂページから問い合わせページに遷移していない」とか……。

最初に、「売上1億円」を「単価１００万円の商品を１００件売る」という形に分解したのは、最終的にはメンバーの一つひとつの行動目標にまで落とし込むためのものです。

問題
15
「受注10件」を達成できなかった原因を5段階に分解せよ。

これも前の問題の「売上1億円」と近いのですが、チーム全体ではなく、営業担当一個人の目標未達の原因分析がテーマです。1階層目は「受注10件」とします。

この営業担当の業務内容としては、事前にマーケティングチームがアポイントを取り付けた顧客に対して「初回商談」から業務を引き継ぎ、何度か商談を繰り返しながら、その後のフォローを継続して「最終商談」までつなぎ、「受注」にこぎ着けるところまでが役割となります。

この営業担当が目標とする「受注10件」ができなかったのはなぜか……？　その原因を分析するために、5階層のブレイクダウンを行います。

「受注10件」をブレイクダウンしていきながら、「受注」するために必要な行動は何か、「提案」と「フォロー」が必要という構造で分けています。これは、前者は打ち合わせをする、後者は打ち合わせをしない、という意味で分けています。

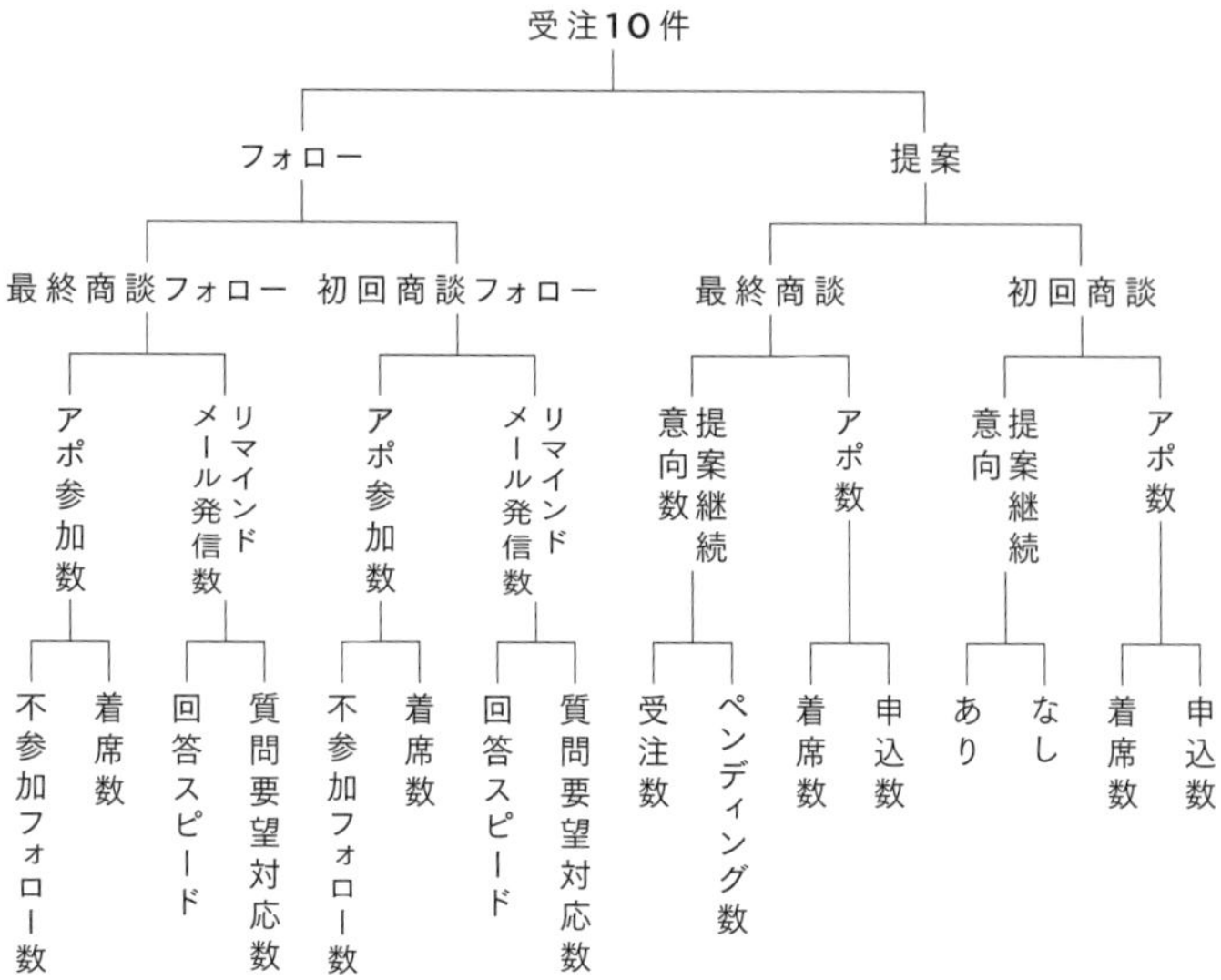

「提案」の中身は、「初回商談」「最終商談」としています。その中身は、「初回商談」は「アポ数」と「提案継続意向」となります。「最終商談」は、4階層目へともう1個ブレイクダウンすると、「アポ数」と「提案継続意向数」を確認する結果となり、さらに「提案継続意向数」を「ペンディング数」になっているもの、「受注数」になったものという風に細かく営業担当目線で分解しています。「初回商談」のうち、「アポ数」は「申込数」と「着席数」に分解し、「提案継続意向」で「なし」（＝辞退）なのか、「あり」（「次の最終提案に持っていきたいので、また今回のコメントを基にご提案ください」などの前向きな意向）なのか。

その結果、「最終商談」でも同じく「アポ数」から「申込数」と「着席数」、「提案継続意向数」からは、「ペンディング数」と「受注数」という形になります。

一方、「フォロー」のほうは3階層目で「初回商談フォロー」と「最終商談フォロー」に分解しています。「初回」「最終」共に、4階層目はアポに応じてもらうためのフォローである「リマインドメール発信数」と「アポ参加数」になります。

基本的に、「フォロー」の内容は、営業の中で質問されたり要望を受けたりした内容に対する回答とかを、提案に反映するという形なので、「初回商談フォロー」の5階層目はまず「質問要望対応数」、これがいくつだったか。もう一つは「回答スピード」となります。

「最終商談フォロー」も、基本的な考え方は同じです。5階層目が「質問要望対応数」と「回答スピード」なのも同じです。

ここまで細かく分解したうえで、原因がどこにあるのか見ていきます。必要に応じて、数値化して見ていくことも大事でしょう。

実践トレーニング

問題
16

「競合商品」と比べて、「あなたの商品の顧客像」を具体化しなさい。

ここからは、実践トレーニングに入っていきます。

「実践」ということは、これまでの頭の体操的な基礎トレーニングに比べて、さらに一歩進んだ、あなたのお仕事に役立つトレーニングということになります。

最初の問題は、「競合商品」と比べて、「あなたの商品の顧客像」を具体化しなさい、ということで、まずはこの問題をあなたの勤め先の職場、あなたのいる業界に当てはめて考えてみてください。

もちろん、あなたのいる業界、またはあなたの就いている職種によっては、「商品」を「サービス」と置き換えても結構ですし、顧客は企業でも個人でも、あるいは社内の後工程の部門でも、何なら上司や部下に仮託しても一向に問題はありません。

要するに、あなたからご覧になって、「お客さん」の立ち位置にいる第三者をイメージすることです。

では、始めてください。

……………………………………………………………

とはいえ——何のヒントもとっかかりもないまま、いきなり実践と言われても厳しいでしょうから、仮の設定に基づいて「顧客像の具体化」を実際にやってみましょう。

ここでは、あなたの商品を「楽天市場」とし、競合である「Amazon」と比較しつつ、あなたの商品の顧客像を具体化することにします。

具体化思考の基本は、「比べて、違いを問う」ですから、まずは軸を決めて比較してみましょう。

いろいろな比較軸が考えられますが、ここでは「ポイント」「配送の種類」「配送のスピード」「商品ページ」「色とデザイン」の5つを取り上げてみます。

まず、ポイント。「楽天市場」は、ポイント還元率が高いのが特徴です。しかも、「楽天市場」だけでなく、「楽天トラベル」「楽天ブックス」「ラクマ」「楽天カード」「楽天Edy」等々、さまざまな関連サービスでポイントを貯めたり使ったりすることができます。「Amazon」はこれに比べてポイント還元率は低いです。従って、お得感を求める人や、ポイントをザクザク貯めたいと考える顧客は「楽天市場」を利用することになります。

次に、配送の種類。どちらも有料配送と無料配送がありますが、「楽天市場」では無料配送を利用する人が中心で、あまり急がない傾向にあります。

配送のスピードは、遅くてもあまり気にしない顧客が「楽天市場」を使う傾向があり、「Amazon」の顧客は「翌日到着」「即日発送」など、より早い配送を好むようです。

商品ページは、「楽天市場」は縦長のランディングページになっていて、テレビショッピングのように顧客の興味を引き立てる形で縦に長い形でつくっていることが多いです。対して、「Amazon」はシンプルで機能的、効率重視のデザインになっています。

色とデザインについては、「楽天市場」は親近感のあるデザインであるのに対して、「Amazon」は洗練されたスタイリッシュなデザインになっています。

これらの特徴から見えてくる「楽天市場」の顧客像はどんなものでしょうか？

まず、ポイント還元率の高さから、「買い物を楽しみながら、ポイントも貯めて買いたい人」という顧客像が浮かび上がってきます。特に、「ポイントが付与される」ということに魅力を感じる人です。

また、「楽天市場」の特徴の一つである「テレビショッピングのようなランディングページ」という商品ページの特徴からは、「衝動買い」の傾向がある顧客像が読み取れます。

配送の種類やスピードからは、「楽天市場」では「多少時間がかかっても配送料を負担したくない」と考える顧客が多く、「Amazon」に比べて、ビジネス・商用での利用よりもプライベートでの買い物等に利用されることが多いと考えられます。

問題 17

「六本木」と比べて、「丸の内の消費者像」を具体化しなさい。

地方出身の方、現在も地方在住の方にしてみれば、「六本木」も「丸の内」も、「オシャレな都会の繁華街」という程度の、非常に漠然としたイメージかもしれません。

この問題の狙いとしては、「比べて、違いを問う」の具体化思考によって、「六本木」と「丸の内」という繁華街に実際にどんな人びとが足を運んでいるのか、そうした人びとに対してどのような店を出店する、あるいはマーケティングをするべきか……といった戦略を立案するうえで、それぞれの街の違いを具体化しようというものです。

これにより、「東京のオシャレな繁華街」という具合に抽象化されたイメージを、それぞれの街の違いで具体化するというトレーニングになっています。

流れとしては、それぞれの消費者像を考えるにあたって、六本木および丸の内という街にはどんな企業が集積しているのか？　また、どんな施設があるのか？　平日にはどんな人びとが集まっているのか？　土日にはどんな人びとが集まってくるのか？……といった、さまざまな軸を立てて考えていくことになります。

どんな企業が集積しているのか、について見ていくと——六本木のほうは、外資系企業やベンチャー企業などが多く集まっています。

一方の丸の内では、東京駅の駅舎は外観復元で昔ながらのつくりになっていますが、丸の内周辺の一等地には、国内外から大手企業が集積しています。旧財閥系の総合商社とか、金融系とか、そうそうたる顔ぶれが集まっています。

こうした周辺環境から、六本木は平日には外資系やベンチャー企業などに勤める、若い人が集まるようなイメージ。丸の内のほうは相対的に、比較的落ち着いたビジネスパーソンがいるというイメージが出てくると思います。

施設については、六本木では六本木ヒルズや東京ミッドタウン等々。映画館や美術館もあれば、ブランドショップなども多く、エンタメ系のカルチャーも幅広く含まれています。また、ミッドタウンの裏手のほうに目を向けると、実はマンションなどもたくさん並んでいます。いわゆる高級住宅街で、六本木の裏手にも公園があります。テレビ局などもあって、週末には家族連れで遊びに来るような街でもあります。

さらに、オシャレな雰囲気の高級バーやレストランなども多く、アフターファイブや週末には若いカップルが集まり、待ち合わせ姿が目に付きます。六本木は、平日は華やかなエリアで、スーツ姿のカップルがデートに使うというイメージ。土日はファミリー層も訪れる、洗練された華やかなエリアのイメージでしょう。

丸の内のほうは、平日には落ち着いた雰囲気で、会社員がランチに出たり、仕事終わりに皆で飲みに行ったり、ブランド品の高級路面店が建ち並ぶ大通りを歩いていったりというイメージ。週末になると、丸の内周辺は、六本木と比較すると完全なオフィス街なので、ファミリー客というのはほとんど見かけなくなり、外国人を含めて東京駅を利用する観光客や、遊びに来たカップルやブランドショップ目当ての買い物客などでにぎわっている――というのが、丸の内のイメージでしょう。

ちなみに、六本木界隈には、少し裏通りへ行くと、昔ながらの住宅地も残っており、何世代も前から地元に住んでいる住民もいます。一方、丸の内には地元の住民というものがほとんど存在しません。基本的に、「住むための街ではない」と言っていいでしょう。

六本木では、休日になると「テレ朝前」とか「六本木ヒルズ広場」などでイベントが開催され、その人通りを当て込んで新商品のテスト販売などを行うことがあります。そこでは、ファミリー向け商材なども出店していますが、丸の内で同じように休日にイベントが催されるとしても、ファミリー向けの出店はまず考えられません。

そういう意味で、六本木の消費者は流行に敏感な若者やファミリー層が中心。それに比べて、丸の内の消費者は、平日には落ち着いた大人のビジネスパーソンが多く、休日には一転して消費意欲の高い観光客が大勢訪れる街と言えるでしょう。

問題
18
「同じ職種の人」と比べて、「あなたの強み」を具体化しなさい。

よく「自分の強みがわからない」という話を聞きますが、これは自分を単体で見てしまっているからです。

労働市場において、あなたが戦う相手は基本的に「同じ職種の人」ですから、「同じ職種の人」と比べて、違いを明確にすることで、「あなたの強み」見えてきます。

ここでは、「職種」を次のように定義することにします。

――「あなた」は、女性向けファッション業界で広告企画の職種に就いています。あなたは、自分自身のことを、「周囲の人間と比較して、自分は他人から理解されづらい人間だ」と思っています。あなた自身は「仕事は効率よく進めたい」という価値観の持ち主ですが、あなたの周囲にいる上司や同僚は「時間をかけてもよいモノをつくりたい」という考え方のようです。

また、アイデアを求められたとき、自分は新しいアイデアを積極的にアピールしていきたいけれど、周囲の人間たちは手垢のついた古臭いアイデアばかり口にします。

また、あなたは抽象化思考で得られる洞察というものを非常に大切にしていますが、周囲の人間たちは絶望的なまでに具体化思考でしか物事を考えられない……。

つまり、自分の周囲の人間はすべて具体の世界で生きていて、抽象化思考を決して受け付けない、という状況に、もう何年も置かれてきたというわけです。

それが、先年のコロナ禍を境に、だいぶ雲行きが変わってきたようです。

先日、あなたはあるファッションブランドの広告をどのようなものにするか、という会議に出席していました。

その場で、周囲の他のメンバーたちは「わかりやすく目立つからという理由で、あの有名女優を広告に起用しよう」というようなアイデアを出してくるわけです。

なぜかと言えば、「業界一のブランドということで、他の広告でも有名人を登用しているから、うちも同じやり方でやらなきゃいけない……」という風に考えているからです。

一方、あなたはどういう提案をするかと言えば、街中で見つけた一般人をモデルにすればいい、ということを言い出すわけです。

具体の世界に生きている人には、あなたがなぜそんなことを考えているのかが理解しがたい。しかし、あなた自身にしてみれば、実は、今のトレンドとか自社のブランドの方向性からすれば、トレンドや周囲の声に迎合せず、「自分らしさ」を表現するブランドだからこそ、うちの会社の商品は人気なのだ……という確信があったからだったのです。

その場にいる、99％の人が気づいていないことに、あなただけは気づいている。だから、自分の提案が絶対にうまくいくという確信が、あなたにはあるわけです。実際に、そのやり方を実行することで何もかもうまくいって、売上が伸びる。ブランドが成功することになる――と。

こういったことを、周囲との違いを比較することで、自分自身は「抽象化思考ができる」ことが強みであると理解し、認識しているわけです。

だからこそ、周囲に迎合しない。周囲が「時間をかけて……」と考えていても、自分は効率的にやる。新しいアイデアに特化してやる。周囲と比較してわかる、あなた自身の強みを物語るエピソードというわけです。

ちなみに、周囲と比較する際に軸になるのは、「自分が何を大事にしているか?」という部分。この事例で言えば、「効率」とか、「前例のない新しいアイデア」とか。周囲は「時間をかけて」ということにこだわり、そこを大事にしている。その違いが大きいということです。

ポイントは、一般的に周囲が「いい」と言っていることに惑わされず、客観的に自分を見るということです。99%の人に見えないものが見えているとき、それが自分の強みとわかっても、周囲には異質だと取られることが多い。周囲の声に惑わされないためには、自分自身が自分の強みをしっかり客観的に見て理解することが重要です。

第4章

思考の「画像幅」を広げる

抽象化思考トレーニング

第3章では、「解像度が高い人」になるための
1つ目の思考力である「具体化思考力」を
鍛えるトレーニングを体験していただきました。

本章は、「解像度が高い人」になるための
2つ目の思考力「抽象化思考」のトレーニングです。
これにより、思考の「画像幅」を広げ、
「ユニークで鋭い洞察を得られる」ようにします。

あなたの近くにも、その人が発言すると思わず周りが
「ハッ」としてしまうような人はいないでしょうか。
その正体は、抽象化思考によって、
「物事の本質」を見抜いているからです。

では、どうしたら「抽象化思考」ができるのでしょうか？
まずはその〝コツ〟から明らかにしていきましょう。

どうしたら、「抽象化思考」ができるのか？

抽象化とは「違うもの同士の共通点」を見つけること

第2章で、抽象化思考とは「具体⇅抽象ピラミッド」を「下から上に上がる作業」だとお伝えしました。

「下から上に上がる作業」とは何か。それが「違うもの同士の共通点を見つける」でした。

「東京都」「埼玉県」「千葉県」の共通点は何かを考え、「関東甲信越」でくくる。次に、「関東甲信越」「東北」「東海」「北海道」の共通点は何かを考え、「東日本」でくくる。複数の違うものを共通点でひとまとめにする作業です。

物事を俯瞰で見る。細部の違いに目を奪われることなく、そこに共通する要素、すなわち**「〝本質〟を正しく見極める能力」が抽象化思考**です。

それは、「世の中の99％の人には見えないもの」が見えるということであり、「99％の人が気づかずに見落としていること」にただ一人だけ気づくことができる、鋭い洞察を得ていることだと申し上げました。

例えば、学校で、いつも100点満点を取っている友達が「1日3時間勉強している」と言っていたとして、自分も毎日3時間勉強すれば毎回テストで100点が取れるようになるというものではありません。

それよりも、自分より成績のいい友達10人にそれぞれの勉強法を詳しく教えてもらい、そこに全員に当てはまる何らかの共通項を見つけたら、それが「成功法則」であり、「本質」です。もしかすると、それは「授業中にノートを取らずに、先生の話に集中している」という共通点かもしれません。

優秀な人を真似るのであれば、その人の表面的なスタイルをなぞるのではなく、なぜその人がそのやり方で成功しているのか、本質を捉えて自分なりにアレンジしていく必要があります。

そのためには、一人だけ見ていても本質まではなかなか見えませんから、複数のサンプルを均等に見ていくことが大切です。そうして、「表面上の見えやすい一つの部分」を見るのではなく、「すべての成功例に共通している見えづらい部分」を見つけようとすることが大事です。

「比べて、共通点を問う」が、抽象化思考を加速させる

第1章の「会議」の例で、Dさんただ一人が「レトロブーム」が起きている理由を、「日常」や「癒やし」だと見抜きました。

では、そのとき、Dさんは何をしていたでしょうか。それは、喫茶店、洋服、遊園

地を並べて、共通点を見つける作業でした。

そして、これまでもお伝えしているように、「問い」こそが人間の思考を加速させます。

つまり、Dさんは無意識のうちに、自らに「違うもの同士の共通点を問う」ということをやっていたのです。これこそが、抽象化思考を加速させるカギになります。

ですから、本章では、抽象化思考を加速させるきっかけとして、さまざまな「違うもの同士の共通点を問う」問題を用意しました。

「何かと何かの共通点を見つける」という作業を脳に植えつけることにより、あなたの抽象化思考力は自然に磨かれていきます。


次ページより、実際に「問題を解く」ことで、抽象化思考のトレーニングに取り組んでまいります。これも第3章と同じく「書いてあることをただ読む」のではなく、「問題文を読んで、一緒に答えを考える」ことが大切です。

繰り返しになりますが、「私の考えた解答例」は必ずしも「模範解答」というわけではありません。考え方は人それぞれ、無数と言えるくらいの正解があるはずです。

皆さんなりの切り口で、素晴らしい答えを導き出してください。

基本トレーニング 1

「共通点探し」トレーニング

問題 19

「砂漠のオアシス」と「図書館」の共通点は？

「抽象化思考」をする際、とても重要なのが「一見すると全く違うもの同士の中に、共通点を見出すこと」です。なぜなら、「表面上で共通点がわかりやすいもの同士の共通点」は他の誰でも見つけやすいからです。

この問題のように、全く違うもの同士の共通点を見出すことで、物事の背景に隠れた「本質」を見抜く練習をしていきましょう。

とはいえ、何かしらパッと出てくればいいのですが、この2つはあまりに違いすぎて、なかなか思いつきそうにありません。

そんなときには、一度、第3章でやった具体化思考のやり方を応用して、「砂漠のオアシス」と「図書館」を細かく定義してしまうというのがコツになります。

まず、「砂漠のオアシス」を定義してみます。オアシスがあるのは、砂漠のど真ん中。砂漠の中にポツンとあるのがオアシス。そこにだけ水があって、植物があり、砂漠に住むわずかな生き物は、乏しい水や食料を求めてオアシスに集まってきます。目的は休息、そして水分の補給。人間の場合は、先客がいれば、そこでめいめい食料や装備などの物資を持ち寄り、お互いに足りない物を物々交換するマーケットが開かれるかもしれません。

一方、図書館についても同じように定義してみます。図書館はたいてい街中にありますが、中に入ると、表通りの喧騒とは隔絶された静寂な空間になっています。夏の暑い盛りにも、冬の寒風吹きすさぶ最中にも、図書館の建物の中は一定の温度が保たれ、快適です。図書館へは本を借りに来る人もいれば、勉強するために来る人もいますが、いずれにせよ、そこでしか得られないものを求めて集まってきた人びとです。

こうして、この2つの場所のイメージを定義してみると、いくつかの共通点が浮かび上がってきます。

まず、1つ目は「やすらぎの場所」。オアシスへ来る人びとは、水や日陰など砂漠の中では得られない快適な環境にたどり着いたことで、ほっと一息つくことができます。図書館へ来た人びとは、街中では得られない静かで集中できる環境に身を置き、やはり、ほっと一息つくことでしょう。そこへ来ることで、ようやくやすらぎを得られるという意味で、この2つの場所には共通点が見出せます。

2つ目は「資源の供給源」。砂漠を旅する人にとって生命線と言える水は、オアシスでしか補給することができません。そうした生命維持に欠かせない資源が、オアシスにはあります。また、図書館には膨大な蔵書があり、知恵の泉、知識の宝庫としてさまざまな情報を提供してくれます。調べものをするとき、インターネット上では見つけにくかったり、そもそも存在しなかったりする専門的で貴重な書物も、図書館でなら目にすることができるかもしれません。

3つ目はコミュニティ。オアシスには人びとが集まってくることから、自然発生的に物々交換や情報交換のコミュニティが生まれます。一方の図書館では、原則として私語は禁止されていることが多いですが、街の公共施設という性質から、掲示板などにはさまざまな自治体や民間のコミュニティ情報が貼り出されています。また、図書館員や利用者が中心となったコミュニティがイベントなどを企画することもあり、地域の人びとの交流の場ともなっています。

このように、一見全く共通項のない「砂漠のオアシス」と「図書館」にも、いくつかの共通点を見出すことが可能です。

問題
20
「氷河」と「歴史の教科書」の共通点は？

これも1つ前の問題と同じく、一見すると突拍子もない組み合わせに思えます。

「氷河」と「歴史の教科書」も、プロセスとしては同様にまずイメージを一度定義し、そこから共通点を探すというのが鉄則です。

「歴史の教科書」とはどんなものかというところから出していくと、基本的に長い時間を経て形成された歴史というものを学ぶためのツールであり、時の流れとか、人類の進化と言うと大げさに感じるかもしれませんが、その変遷を学ぶことができるもの。それが「歴史の教科書」ということになります。

また、歴史というのは常に動いています。新しい発見とか研究によって解釈が変わることもあるので、常に更新されるものです。現に、最近の教科書検定では、例えば「聖徳太子」が「聖徳太子（厩戸王）」になったり、「足利尊氏像」が「騎馬武者像」と表記されたりするなど、20年前から大きく変更された内容が記載されています。

そして、教科書を通じて授業で教わるように、過去の出来事や当時の人々の生活・文化の知識を得ることができ、そこに学びがあるということです。

「氷河」がどのようにして形成されてきたかを考えると、それこそ数千年、数万年というスパンで、ある時期には溶けていったり、範囲を広げていったりしながら、長い長い時間をかけて成長してきたものです。これは、「長い年月をかけてつくられる」という観点からすれば、「歴史の教科書」と共通する要素と言えるでしょう。これが解答の1つ目ということになります。

また、その時代時代の気候の変動によって、「氷河」の形は徐々に変化してきました。近年は地球温暖化の影響とも言われますが、常に変化し続けています。これも、「時代と共に変化する」という意味で「歴史の教科書」と共通しています。これが2つ目です。

問題 21

「ジレットのカミソリ」と「ゼロックスのプリンター」の共通点は？

ここからは、現実のビジネスに即した問題を増やしていきます。

ジレット（Gillette）はP&G社の販売するカミソリのブランド、ゼロックスは印刷機器メーカーで、どちらも米国の会社です。

「ジレットのカミソリ」と「ゼロックスのプリンター」、この2つの共通点は、両社をご存じの方であれば簡単だと思います。私の解答例は、「本体は低価格にして消耗品で儲けるビジネスモデル」としました。

これは言わばビジネスの教科書に載っているレベルの有名な事例ですから、両社の社名を聞いた時点で答えがおわかりになった方もいらっしゃると思いますが、敢えてこの問題を出題したのは、**「世の中で実際に売れている商品や成功している企業の共通点を探すことで、ビジネスの成功法則を見出す」**というサンプルとしてわかりやすいだろうと判断したからです。この事例は「ビジネスモデル」の成功例ですが、事業開発や商品開発に限らず、営業やバックオフィス業務まで含めて、さまざまな業務に応用することが可能です。

一応、解説しておきますと、これらの商品が、それぞれ実際にどのような流れで使用されているかをイメージして、共通点を見つけるという思考プロセスになります。

顧客はヒゲを剃るためにカミソリを買います。選び方は人それぞれですが、例えば、3枚刃・4枚刃でよく剃れるから……といった理由で選ぶ。毎朝使っていればそのうち刃は錆びて、剃れなくなってきます。適当な時期に替刃を買って、交換するという流れです。

一方、プリンターの場合も、まずプリンター本体を買います。紙に印刷して、紙がなくなったら補充します。インクが切れたら、業者さんに発注するか、自分で買ってきて補充します。毎日使っていれば定期点検も必要ですし、故障すれば修理したり部品を交換したりします。そうやって、古くなったり完全に壊れたりするまでは使い続けるわけです。

さて、ここでこの2つの商品のビジネスの構造に着目すると、カミソリにしても、プリンターにしても、本体（カミソリならヘッドと柄の部分、プリンターなら機械の本体）は当面の間使い続けて、消耗品（カミソリは替刃、プリンターは紙やインク）は必要になったら随時補充していく……というシステムです。

特徴的なのは、「ジレットのカミソリ」も「ゼロックスのプリンター」も、本体価格は比較的リーズナブルに設定されていること。これは、ユーザーが消耗品を継続的に購入することを期待して、消耗品の売上で利益を積み上げていくことを前提とした本体価格設定なのではないでしょうか。つまり、解答例に書いた通り、「本体は低価格にして消耗品で儲けるビジネスモデル」であると読み取れる、ということです。

近年では、全く畑違いのジャンルでも「メインとなる商材を競合他社に比べてややリーズナブルに設定し、消耗品・補充品などメインの商材に付属するものを継続的に供給することで利益を積み上げていく」という、これに近いビジネスモデルを見かけることはあります。

例えば、人材業界の事例で言えば、人材紹介業という業種があります。現状よくあるビジネスモデルは、企業に人材を紹介して、内定や入社が決まったら、企業はその人の年収の30～40％を紹介会社に支払うというものです。けっこう高くて、金額で言うと300～400万円かかる。これをもっと安くすることはできないか？ということで、メインの商材であるところの人材をリーズナブルな金額で紹介する代わりに、継続的にお金が入ってくるようなビジネスモデルを考えてみたらどうだろう、とか……。

「ジレットのカミソリ」と「ゼロックスのプリンター」の共通項からヒントを得ているかはわかりませんが、少なくともこの視点を持っていれば、あなたのビジネスにも何かしら応用ができるかもしれません。

問題 22

「SE」と「建築設計士」の共通点は？

「SE（システムエンジニア）」と「建築設計士」の共通点は何か、というのが問題ですが、業務そのものに共通する要素が多く、広義の「モノをつくる仕事」であるのはもちろん、「モノづくりの基本となる〝設計図〟を描く仕事」であることまで共通しています。

その他に、私の解答例としては、共通点は「上流工程を担う職種」ということです。「SE」という職種はどんなものかと言えば、IT業界のシステム開発において、そのシステムの要件定義をしたり、お客さまがどのようなことをしたいかをヒアリングしたり、自分なりに考えて、「このような構成でシステムをつくりましょう」と提案をしたりするのが主な仕事になります。

その後、実際にシステムを開発する際には、プログラマやデータアナリストなど、いろいろな専門家の方々に依頼して、それを取りまとめて、プロジェクトマネジャーのような立場でお客さまの期待値を上回るシステムを構築する、というような役割の業務になります。つまり、システム開発の上流を担っている仕事です。

一方、いわゆる「建築設計士」という職種は、大規模案件ではゼネコンやデベロッパー、小さな案件では街中の中小工務店や設計事務所などをお客さまとして、どのような家や建築物をつくるのかという要件定義、実現したいことのヒアリングをするなどして、設計図を描き上げます。

その設計図を基に、現場でさまざまな施工に従事する職人や専門の業者を束ねる親方や現場監督とも協力しつつ、ちょうどSEがそうであったのと同じように、多種多様な役割の方に依頼をして、それらを取りまとめるプロジェクトマネジャー的な立場にある――というのが建築設計士の役割ではないかと捉えています。

そして、ここで言う「プロジェクトマネジャー的な立場、役割」という特徴を前提として「比べて、共通点を問う」抽象化思考により、どちらも「上流工程を担う職種」である、という解答に至ったわけです。

このように特徴を抽象化した場合、例えば転職などを考えたときに、自分自身のキャリアをどのように自己評価するか？という場面で選択肢の幅を広げることができ、自由度が高まるなどの応用が利きます。

ＳＥにせよ、建築設計士にせよ、極めて専門性が高い分野の職種であり、周囲もそう考えています。そして、自分自身もそのように考えて、「転職するなら同じ業界で」と思い込んでいる人が多い。

けれど、この問題で見てきた通り、一見すると畑違いの専門職種のような印象を受けるＳＥと建築設計士は、実は互いに共通する部分が非常に多く、業界知識さえキャッチアップできれば、互いに業界を入れ替えても前職での経験を十分活かせる仕事だということがわかります。

自分自身が転職を考えたり、他にどういうキャリアがあるんだろうと考えたときに、全然違う職種との共通点を探すことで、自分のキャリアの広がりを考えることもできます。

問題
23

「空港の書店員」と「結婚式のプランナー」の共通点は？

この問題では、「空港の書店員」と「結婚式のプランナー」という2つの職種を「比べて、共通点を問う」という形になります。

私の解答例としては「一見さん」、すなわち初めて来店されたお客さまに対応する職種としています。

書店員の職場である「空港の書店」には主にどんなお客が訪れるか？ということについては、第3章の問題5で分析した通りです。お客にもよりますが、大多数は「来店頻度はせいぜい1年に1、2回程度」。買っていく本は、飛行機の出発までの待ち時間やフライト中の暇つぶしなどに読むものが多く、たいていはその場でたまたま目に付いた本を買っていく、というパターンです。

一方、「結婚式のプランナー」の職場に訪れるのはどんなお客でしょうか？　結婚式場や披露宴会場という場所には多数の参列客が詰めかけますが、プランナーが直接対

「注目するポイント」をずらして考える

「空港の書店」　「結婚式のプランナー」

「共通点」がわからない……

↓

「書店」　「結婚式場」

「場所」にずらしてみる

↓

「書店に来る人」　「結婚式場に来る人」

「その場所を訪れるお客」にずらしてみる

応するカウンターへやってくるのは式を挙げる当事者（＝新郎新婦）か、もしくはその親族くらいなものでしょう。基本的には初めての利用客ということになり、少なくとも「リピーターをつくる」という発想はないと思われます。

この問題では、「空港の書店員」や「結婚式のプランナー」という職種からダイレクトに共通点を探そうとするとなかなか難しいと思うので、一度「書店」や「結婚式場」という〝場所〟に視点をずらし、さらに場所そのものではなく〝その場所を訪れるお客〟に着目することで「一見のお客に対応する職種」という共通点を導き出しました。

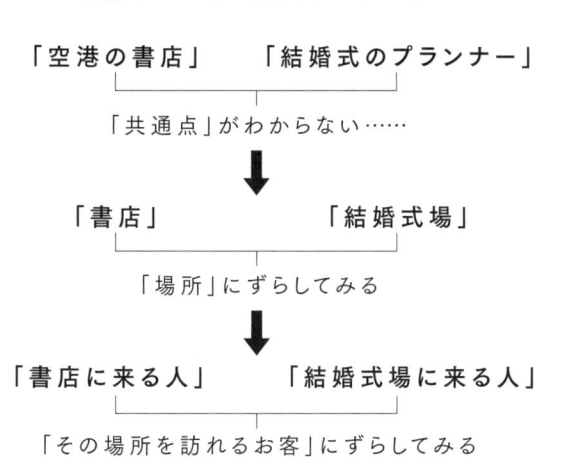

単純に2つの対象物を比較して、そこに共通点が見出せないときには、このように注目するポイントをずらすことで、全く違った発想にたどり着くことがあります。これがすなわち、「物事を俯瞰で見る」ということであり、抽象化思考の典型でもあります。

抽象化思考の結果、このような解答になったわけですが、これをビジネスに応用するとすれば、どんな展開が考えられるでしょうか？

例えば、「一見さん」というのは「新規顧客」という捉え方ができると思いますが、主に新規顧客を相手にするビジネスであれば、全く畑違いの分野であってもこれらの職種の経験を活かしたり、成功法則を応用したりすることができるのではないか？ということです。

初めての来店客を迎えるとき、そのお客さんの心を一発で摑む、その場で商品を買っていただく工夫やテクニックなどがあれば、他の業界でもいくらかアレンジを加えれば応用できそうに思います。

問題

24

「雑貨屋」と「ＴＶショッピング」の共通点は？

この問題は先に解答例を言うと、「衝動買い」になります。この解答はどのような思考プロセスを経て導き出された結論でしょうか？

「雑貨屋」ではどんな商品を売っているのかを考えると、大きなものでは家具などを扱っているお店もありますが、多くの場合は細々とした小物であるとか、凝ったデザインの掛け時計であるとか、サングラスやアクセサリーなども並べて売っています。

お店にもよりますが、一般的には、品揃えは非常に多彩で、言い換えればとりとめもなく雑多な商品を扱っているという業態です。

主な客層は、具体的に何か目的があってわざわざ足を運んだというより、時間つぶしや、旅先でのちょっとした土産もの探しにふらりと立ち寄ったお客さんが多いです。

一方、「ＴＶショッピング」のほうは、例えば「高級羽毛布団セット」であるとか、

「大画面壁掛け液晶テレビ」など、普段スーパーや家電量販店で見かけても、それだけではなかなか購入にまでは至らない商品を扱うケースが多いです。そこに、番組出演者の感想や「専門家」による研究データ、実際に購入した方のビフォー・アフター写真などによって、視聴者の購買意欲をそそります。

こうして特徴を比較してみると、似ても似つかない業態のように思えます。にもかかわらず、両者の共通点として「衝動買いが中心」という要素が読み取れるのはなぜでしょうか？

それは、実際に購買行動を起こす主体である「お客さんの心理」に着目したときに見えてきます。「雑貨屋」にしろ、「TVショッピング」にしろ、お客さんは能動的な意志で店に入る、あるいは番組を視聴するわけではありません。なのに、気づいたらついつい買ってしまっている。

こうした事象を見るにつけ、やはり、こうした「雑貨屋」や「TVショッピング」には、何らかのビジネスの成功法則が存在しているようです。少なくとも「衝動買い」を起こすような心理的な仕掛け」があることは確かです。それを抽出することができれば、あなたの会社の業務に応用することもできるのではないかと思います。

例えば、顧客の「衝動買い」の心理を刺激するプレゼンテーションであるとか、顧客にその気になってもらうためのストーリー設計などがあります。

もしくは、店舗のレイアウトや商品配置などに、雑貨屋の構成をヒントにするとか、百貨店の特設イベント会場などで、ＴＶショッピングから得た発想で商品を配置する……などの形での応用もできるのではないか思います。

基本トレーニング 2

「分類」トレーニング

問題 25

「東京タワー」「イチゴ」「消防車」「もみじ」を2つに分類せよ。

さて、これまで抽象化の基本として、2つのものの共通点を探すトレーニングをしてきました。しかし、現実世界ではわかりやすい共通点のある2つが転がっているわけではありません。

そのときに大事になってくるのが、世の中の現象を「分類」していくことです。「これとこれが成功した理由は同じでこうだ」「こっちとこっちが成功したのはまた違う理由だな」と、日々、自分の中でいろんな現象を共通点で分類していくことで、いざ必要になったときに応用できるようになります。

まずは練習問題です。4つあるものを2つに分類する、というと、何となく「2対2」に分けたくなるものですが、問題文では「2つに分類せよ」となっているところがポイントです。要するに、「1対3」でも「3対1」でもOK。どちらかが「0」にならなければよく、組み合わせも自由自在です。

「東京タワー」「イチゴ」「消防車」「もみじ」。こうして並べると、「赤い」という共通点がありますが、それぞれ基本的には無関係のものということになります。

私が最初に思いついたのは、「人工的なもの」と「天然のもの」というキーワードです。これに従って2つに分けると、「人工的なもの」は東京タワーと消防車。「天然のもの」にイチゴ、もみじが入ります。

思考プロセスとしては、最初にどれからでもいいんですが、どれか1つを起点として、他の3つとの共通点を探します。これは、東京タワーでもイチゴでも何でもOK

です。

例えば、東京タワーを起点にして、これと同じものは何かと考えると、「サイズが大きい」とか「つくられたもの」などの共通点から消防車が見えてきます。次に、イチゴを起点にして、同じものは何かと考えて、「木として生えてくるもの」とか「実が生るもの」といった共通点からもみじが出てきます。そして、両者の特徴から「人工的なもの」と「天然のもの」という切り口が見えてきて、先ほどのような分類になりました。

もちろん、これ以外にも切り口は無数にあると思います。これは練習ですから、いろいろ自由に考えていただけたらいいと思います。

他にはどんな分類が考えられるでしょうか？　思いつくままにいくつか例を挙げていきましょう。

例えば、最初に、この4つには「赤い」という共通点があると申し上げましたが、この点をもう少し突っ込んで考えてみると、イチゴは、最初は白いんです。光に当たることによってアントシアニンという色素が発現し、それによって赤く発色していきます。ここから「色が変わるもの」というキーワードを見つけて、他の3つを見ていきます。

もみじも最初は緑色ですね。秋になって気温が下がると葉が赤くなります。また、東京タワーは昼間見ると基本色は赤ですが、夜にはライトアップにより色が変わります。残る消防車ですが、これは「道路運送車両の保安基準」という法律で朱色（赤）と規定されているため、色を塗り替えることができません。従って、東京タワー・イチゴ・もみじは「色が変わるもの」、消防車は「色が変わらないもの」という分類も成立します。

他にも、「全国各地にあるもの」と「東京にしかないもの」とか、「食べられるもの」と「食べられないもの」等々、人によってさまざまな視点や発想があり、分類方法はいくらでも出てくると思います。大切なのは、この問題に「正解はない」ということ。いいえ、「正解しかない」と言ったほうがいいかもしれません。

なお、この問題の最初に申し上げたように、これ自体は練習問題であり、分類には特に目的らしい目的を定めておりません。と言っても、目的のない分類に意味がないわけではなく、制約のない状態で生まれる自由度の高い発想により、他人には思いつかない切り口をいろいろ考えることで、抽象化思考は間違いなく鍛えられていきます。

問題
26

「印鑑」「手」「思考」「辞書」を2つに分類せよ。

これも練習問題になりますが、物理的な存在の中に「思考」という非物理的なものが含まれていることがポイントです。

改めて問題の4つのワードを見ていきましょう。

印鑑、手、思考、辞書。

私の解答例としては、「使うツール」と「人間の機能」。もちろん、前者が印鑑と辞書、後者が手と思考になります。

この分類だと、印鑑と辞書は、印鑑は決裁や手続きをするときに押して使うツール、辞書は調べものがあるときに読んで使うツールとなります。

手と思考に関しては、手は人の肉体の一部であり、思考は頭で考える活動ということで、どちらも人間だけで完結する機能です。思考プロセスとしては、これらは人間の生活の中のさまざまな場面で用いられるものではありますが、人間の肉体や頭脳に根ざした働きと、人の手で人工的につくり出された道具ということで分類しました。

もちろん、これ以外にもさまざまな形で分類することが可能です。

思いつくままに、順不同で挙げてみましょう。

まず、「形のあるもの」と「形のないもの」。これだと、印鑑・手・辞書が「形のあるもの」で、思考のみ「形のないもの」に分類できます。

次に、「使うもの」と「使われるもの」。これは、「手を使って印鑑を押す」「思考を使って辞書を引く」という組み合わせで、人間とツールに分類する——という考え方なのですが、この言い回しだと「使うもの」が手と思考、「使われるもの」が印鑑と辞書、という風に分類することができます。

「代用するもの」と「代用されるもの」。これはつまり、手元に印鑑がないときは手で代用するということです。これは拇印という意味でもいいですし、サインという意味でも印鑑の代わりになります。また、辞書が近場に見当たらなければ、頭で思考することで辞書の代わりになります。

「電子化できるもの」と「電子化できないもの」。印鑑や辞書は、今日では電子化されていますが、手や思考は電子化することができない、という意味です。

あるいは、もっと単純な発想で「漢字1文字」と「漢字2文字」と分類してもいいかもしれません。見たまんまです。

ざっとこんな調子ではありますが――皆さんもぜひ、ご自分なりの発想で分類を考えてみてください。

問題 27
「自動車」「コンビニ」「スマホ」「ハンバーガー」を2つに分類せよ。

続きまして、自動車、コンビニ、スマホ、ハンバーガーを分類するという問題です。人には見つけられない意外な切り口を見つけ、そこから自由に発想を飛躍させて、あなたならではの分類をしてみてください。

私の解答例としては、まずはシンプルに「人が手に持てるもの」と「人が中に入れるもの」。スマホとハンバーガーは人が手で持ち歩けるサイズですし、コンビニと自動車は人が中に入れるサイズです。

連想を広げて、「移動できるもの」と「移動できないもの」。スマホとハンバーガーは手持ちで、自動車は人が乗ることで移動することができますが、コンビニは移動できません。同じ店舗名で別の場所へ移転したり、必要であれば建物ごと解体して運ぶことも可能でしょうが、コンビニ自体に足が生えて移動できるわけではありません。

「硬いもの」と「軟らかいもの」。コンビニとスマホと自動車は触ると硬く、ハンバーガーは軟らかい。

「冷たいもの」と「温かいもの」。ハンバーガーは温かく、自動車とコンビニとスマホは冷たい。

「日本語」と「外来語」。自動車は日本語で、スマホ、コンビニ、ハンバーガーは外来語（英語由来）という分類です。

「一般語」と「短縮語（省略語）」。コンビニはコンビニエンスストア、スマホはスマートフォンという正式名称がそれぞれ存在します。一方、自動車とハンバーガーは、一般的な呼称と言えます。

問題
28

「エクセル」「パワポ」「メール」「カレンダー」を2つに分類せよ。

出題傾向としてはこれも同じような問題ですが、選択肢のワードがややビジネス寄りになってきました。

カテゴリに着目すると、「商標名」と「一般名詞」という分類ができます。エクセル(Excel)、パワポ(PowerPoint)はマイクロソフト社の「商標名」、メールとカレンダーは「一般名詞」のカテゴリです。

また、ここからの連想で、「昔からあるもの」と「コンピュータ時代に生まれたもの」という分類。メールとカレンダーは、それぞれ「手紙」と「暦」として、千数百年前には今とそれほど差のないものがつくられていました。

このバリエーションとして、「紙に置き換えられるもの」と「紙に置き換えられないもの」。メールとカレンダーに関しては、紙に印刷したものや、あるいは白紙に手書きで書いたものであっても一応の用は足せます。

その一方で、エクセルやパワポの機能を紙に手書きで再現できるかと言ったら１００％不可能だと言えるでしょう。エクセルの表計算機能は、膨大な数列の計算を一瞬で終わらせてくれます。同じことを手計算や電卓で計算しながら数字を埋めていったら、何時間も、何日もかかります。また、パワポの機能をただの白紙の上で再現しようと思ったらとんでもなく大変な作業になりますが、それほど時間と手間と労力を費やしても、できあがった資料のクオリティはパワポで作成したものに遠く及ばないでしょう。

ここで言うカレンダーというのは、例えば、メインになるビジュアルを見せることを主目的とした印刷物です。つまり、アイドルや人気キャラクターのポスターのように「壁に貼って眺める」ためのカレンダーのことです。そこからの連想で、カレンダーとパワポは「ビジュアル重視のもの」、メールとエクセルは「テキスト重視のもの」という分類も考えられます。

この視点を変えると、エクセルとカレンダーは「数字情報が中心」、メールとパワポは「文字情報が中心」とも分類できます。エクセルは表計算、カレンダーは年月日で数字を扱うことが多いです。一方のパワポとメールは、文字を読み書きするのによく使われています。

それから、エクセルとカレンダーは「管理するもの」、パワポとメールは「表現するもの」。カレンダーはスケジュールを管理し、エクセルは売上やチームの行動目標などビジネスに関わるさまざまな活動を管理するのに用いられます。パワポは顧客先や社内でのプレゼンテーションをはじめ、ビジネスのさまざまな場面で会社や発表者のアイデアを表現するツール。メールもまた、自分の意志や気持ち、思考を送信相手に表現するためのツールです。

問題 29

「映画館」「Salesforce」「Amazon Prime」「電車広告」を2つに分類せよ。

分類トレーニングの最後です。

ここは、ビジネスの視点からいろいろな切り口を見つけていきたいところです。

最初に出てきたのが、「買い切りモデル」と「サブスクモデル」という切り口です。

買い切りモデルに入るのが映画館と電車広告。映画館の場合は配給会社からチケットを買い切りする形で、電車広告は、広告代理店等が電車の広告枠を1件いくらで買い切り、クライアントの広告を出稿しています。

これに対して、Salesforce と Amazon Prime はサブスクモデル。Salesforce では、「Salesforce Customer 360」という顧客管理（CRM）システムをはじめとするサービスをサブスクモデルで提供しています。また、Amazon Prime では、月額いくらという定額制でオンライン動画見放題などのサービスを展開しています。

以下、順不同でいろいろな切り口を出していきます。

まずは、「固有名詞」と「一般名詞」という切り口。Salesforce と Amazon Prime は固有名詞で、映画館と電車広告は一般名詞です。

あるいは、「実体があるもの」と「実体がないもの」。映画館と電車広告には実体というか、手で触れる形が存在します。Salesforce と Amazon Prime には、目に見える形や手で触れられる実体というものが存在しません。

他にも可能かどうか、考えてみましょう。

「映画を見るところ」と「営業に使われるもの」。映画館とAmazon Primeは、映画（映像）を見るという共通点があります。電車広告とSalesforceは、どちらも販売や営業のために使われるものであることは間違いありません。

「大人数で見るもの」と「一人または少人数で見るもの」。映画館と電車広告は大人数が一斉に見るというもので、SalesforceとAmazon Primeは一人または少人数が自分の都合のよいときに見るものです。

「B to Bのビジネス」と「B to Cのビジネス」。Salesforceと電車広告は「B to Bのビジネス」であり、映画館とAmazon Primeは「B to Cのビジネス」という分類もできるでしょう。

「見たいものを選べる」と「見たいものを選べない」。映画館とAmazon Primeは、選択肢に限りはあるにしても、そのとき見たいものを選んで見ることができます。Salesforceも、「見たいもの＝知りたい情報」を選ぶことができます。これに対して、電車広告は動画にしろポスターにしろ、見る人の意思とは無関係に流れていくだけです。

「どこでも見られるもの」と「見られる場所が決まっているもの」。SalesforceとAmazon Primeは、通信環境が整備され電波が届いていれば、基本的にいつでもどこでも見ることができます。映画館で映画を見るなら現地へ足を運ばなければなりませんし、電車広告は電車に乗らない限り見ることはできません。

基本
トレーニング
3

「要点抽出」トレーニング

問題
30

次のAとBの話の共通点を「つまり、○○ですね」でまとめよ。

A 「営業システムは、画面操作が簡単なものにすべきだ」
B 「営業システムは、すぐに顧客の検索ができるものにすべきだ」

会社での会議で、大勢の人が意見するが故に、話に収拾がつかない、決着がつかないということはないでしょうか。

そんなときに、一言ぽろっと「つまり、○○ですね」と言うだけで、その場をまとめ上げてしまう人、いませんか？

その人は何をやっているのでしょうか。実は「抽象化思考」です。大勢の人がそれぞれ違うことを言っているように見えて、実は共通点があったりするものです。

その共通点を見つけて、落としどころをつくることで、それぞれに不満のない形で話をまとめることができる。

そんな力を「要点抽出トレーニング」でつけていきましょう。

ここでは、AとBの2人が営業システムについて自分の意見を主張しています。Aは「画面操作が簡単なものにすべき」、Bは「すぐに顧客の検索ができるものにすべき」と主張しています。

この2人の意見から、どんな共通点が抽出できるでしょうか？

いろいろな切り口・視点・言い方がありますから、あくまで一つの例でしかないのですが、ここでの私の解答例は、

「――つまり、『システムはユーザーの使い勝手を軸に選びましょう』ということですね」

です。

ポイントとしては、「画面操作は簡単なものにすべきだ」というAの意見は、結局はユーザー、使う人にとって「使い勝手がよい」ものということです。

Bの意見である「すぐに顧客の検索ができる」、これも「使い勝手」と言い換えることができそうです。ならば、「使い勝手を軸に選びましょう」ということで意見を集約できます。

この問題は私の過去の実体験を題材にしたものです。解答例はかつての私の上司の言葉であり、私も同席していた顧客先での会議の場で、泥沼化しつつあった議論をただ一言で変えてみせたものでした。

両者が具体の世界でぶつかり合ったとき、それをうまく集約するというのはビジネスとして大事なことであり、そんなときにはこういう経験が活きてくると思います。

「つまり」に続く言葉として、「使い勝手」以外にどんなものが考えられるでしょうか？

表現を変えると微妙にニュアンスが変わりますが、例えば「つまり、効率的に使えるシステムがよいですよね」だとか……。

実はこれも、結局はまとめる人の思惑でいろいろ切り取ることができますし、皆がそれに合意したら、削られたものは捨てられてしまいます。これは本当に自由自在です。

問題 31

次のCとDとEの話の共通点を「つまり、〇〇ですね」でまとめよ。

C「この商品は、店頭のどこに置かれるの？」
D「この企画は、誰のための何の商品なのかわからない」
E「この商品はどんな悩みを解決してくれるの？」

この問題に対しては、解答としていろいろなパターンが考えられますが、私の解答例としては、次のように答えになります。

「――つまり、この商品のメインターゲットが不明確だということですね」

C・D・Eの3人のセリフからイメージできるのは、これは商品企画の担当者が新商品の社内プレゼンをしたときに、社長や役員、担当部長などから、厳しく質問を受けているシーンと考えられます。

まずCが、店頭のレイアウトにおける商品の配置「どこに（＝Where）」を主人公に訊ねています。店頭というものは、ある程度のジャンルによって商品の場所が分かれているのが一般的です。それは、消費者のニーズごとに棚を分けているようなものです。つまり、Cは商品のメインのターゲット層をどのあたりに想定しているかを聞いているようなものです。

Cはこのように商品のメインターゲットを間接的に聞いている一方で、Dは比較的直接的に聞いています。

最後にEが、消費者の悩みについて聞いています。メインターゲットを具体化する際に最も大事なのが、消費者の悩みを具体化することです。なぜなら、商品とは消費者の悩みを解決するものだからです。そもそも、消費者の悩みを明確化できていなかったら、どんな素晴らしい商品も意味を成さないからです。ですから、このEの質問もまさにメインターゲットを明確化する質問と言えるでしょう。

このような思考プロセスから、この3つの質問に共通しているのは何か？について考えていくと、結局のところ3人とも、「メインターゲットが不明確なのでは？」と商品企画のプレゼン担当者に対して、厳しい質問をぶつけているのです。

仮にあなたがこのプレゼン担当者の上司だとして、同席しているとしましょう。このまま議論が紛糾してしまっては、この商品を社内に承認してもらえなくなってしまいます。

このようなときには抽象化思考です。うまく一言でまとめてその場をおさめ、次回のプレゼンにつなげましょう。

背景に隠れた「本当の気持ち」を摑む

- 「店頭のどこに置かれるの？」
- 「誰のための何の商品なの？」
- 「どんな悩みを解決してくれるの？」

▶「商品のメインターゲットが不明確だということですね？」

↓

〇 共通点から「本当の気持ち」を摑む

- 「店頭のどこに置かれるの？」
  ▶「ここです」
- 「誰のための何の商品なの？」
  ▶「誰々のためのこんな商品です」
- 「どんな悩みを解決してくれるの？」
  ▶「こんな悩みを解決します」

↓

× 一つひとつの質問だけを見て回答する

逆に、ありがちな対応としてよくない例を言いますと、一つひとつの質問だけを見て、それぞれ単体で答えようとしてしまうことです。

「店頭のどこに置かれるの？」「ここです」とか、「誰のための何の商品なの？」「誰々のためのこんな商品です」とか、「どんな悩みを解決してくれるの？」「こんな悩みを解決します」とか……。

なぜよくないかと言うと、それぞれの方の具体的な言葉の背景にある「本当の気持ち」「本当に知りたいこと」を摑んでいるわけではないからです。

それぞれに対してきちんと回答している

ようには見えても、おそらく腑に落ちないと相手が感じて終わってしまうでしょう。

それよりも、この見えやすい言葉の背景になる本当の心理をわかってもらったときに、人は本当に納得します。

だからこそ、このような一言で抽象化できてしまう人というのは、一瞬でその場をまとめ上げ、信頼されるのです。

問題
32

次のFとGとHとIの話の共通点を「つまり、○○ですね」でまとめよ。

F「優秀な人は、構造を見る力があるよね」
G「『疑う力』こそが、最も大事だよ」
H「仕事ができない人は、すぐ安易な意見を言うよね」
I「ぼくは『物事を俯瞰で考えられるか』だと思います」

この問題では、「どんな人物が優秀か」について、F・G・H・Iという4人の登場人物がそれぞれの意見を言っているのに対して、たった一言で場の空気をさらってしまう人物について考えることになります。

これもいろいろな考え方があると思いますが、解答例としてはこんな答えになります。

「――つまり、皆さんはクリティカル・シンキングができる人が優秀という意見なのですね」

彼らの意見は「構造を見る力」とか、「疑う力」とか、「安易な意見を言わない」とか、「俯瞰で考える力」とか、それぞれ具体的な答えとして出ています。それらは結局何かと言えば、例えば「構造思考」と「疑う力」は「クリティカル・シンキング（クリティカル思考）」です。

「安易な意見を言わない」というのは、つまり当たり前な意見に対して批判的に見て、より深く考えられるということですから、結局は「クリティカル・シンキング」です。「物事を俯瞰で考えられる」ということも、常識に対して、一つ上から見ることができるということですから、やはり「クリティカル・シンキング」と言えそうです。

これにもいろいろ枝葉の話が出てきますが、これがどういう場面なのかと想像すると、例えば新卒採用試験のグループディスカッションと考えると、実際にありそうな気もします。

ここで「つまり」と話をまとめ、ごく自然にイニシアティブを取れるような人物は、もし就活生の一人であったらぜひとも採用したい人材ではないでしょうか。

また、これを言ったのが面接官の一人であれば、「つまり」に続けてこんな風に話を展開していくかもしれません。

「皆さんの意見に共通しているのは、『クリティカル・シンキングができる』ということですね。他にもいろいろな思考力がありますが、他にも何が大事かというのを見ていきましょう」

こんな風に議論のまとめができて、次につなげることもできます。

ここから言えることは、「そのものだけを見ないことが大事」ということなのではないかと思います。

ただし、これは「目の前の物事を正面から見る」ということを否定しているわけではありません。「正面からまっすぐ見る」こともやはり大事なことです。

大事なのは、視野を広く持ち、角度を変えていろいろな視点から意見が言えること。そんな風にまとめるのが一番わかりやすいかもしれません。

実践トレーニング

問題
33

営業ＴＯＰ３の共通点から、「営業の成功法則」を見つけなさい。

ここからは実践トレーニングです。抽象化思考について、これまでは基礎トレーニングをしてきましたが、ここからはビジネスの実践的な場面で使えるような問題を用意しています。

まずは「営業ＴＯＰ３の共通点から、『営業の成功法則』を見つけなさい」という問題です。

思考プロセスについては、これまでにも何度かお話ししているように、要は一人だけを見ても妥当性が上がるわけではないということです。「成功法則」というのは、何人かの中から共通点を見出すことで妥当性が上がります。

また、同じく意識すべきは、「安易な結論」には至らないようにする、ということです。例えば、「明るい」とか、「新聞を読んでいて、時事ニュースに精通している」とか、**誰もが思いつきそうな結論は、基本的に疑いましょう。**

なぜなら、もしそれが本質なのだとしたら、おそらく誰もが優秀な営業になれているはずだからです。

改めてですが、「仕事ができる人」とは「他の大多数の人が気が付いていないこと」に、唯一気が付いているからこそ、「仕事ができる人」なのです。ですから、「他の大多数の人が気が付いていないこと」を結論にするべきです。

「この結論で合っているかな？」と思ったときには、「ＴＯＰ３全員に共通して当てはまるか？」を自分に問いましょう。そのときに、誰か一人でも矛盾が生じてしまったら、それは間違っている可能性があります。

さて、今回の例で言えば、例えば営業の若手が、「自分に営業力をつけたい。営業で成果を出したい」というのが前提になります。

例えば、1時間の商談の中で前半30～40分はヒアリングの時間にしっかり充てているとか、逆に後半の10～20分は必要なところの説明だけして次につなげているとか。あるいは、ヒアリングでも深掘りする問いを事前に設計してあって、そのPDCAを回すという習慣を必ず実行しているとすれば、ヒアリングによって新たにわかったことがあれば、その場で問いの構成を変えて、さらに深掘りしていっている——というようなことがあるかもしれません。

注意点としては、営業TOP3の本人に「どうやってうまく営業をしているんですか?」と聞いたときに、それを真に受けてはダメだということです。自分自身がなんでうまくいっているか、本人も実は自覚していない場合がありますし、本当のことを言わずに別のことを言う場合もあります。

やはり、成果を出す人はここで「共通法則を見る」ということにおいても、真に受けず俯瞰して見るのです。

問題 34
通る企画プレゼンの共通点から、「企画プレゼンの成功法則」を見つけなさい。

社内や客先での企画プレゼンというのは、営業部門のみならず、多くのビジネスパーソンにとって数少ない〝晴れ舞台〟ではないかと思われます。

部・課長や担当役員はおろか、場合によっては社長・会長までが臨席する企画会議で、自らの立案した企画をプレゼンし、見事に企画を通すことに成功すれば、ちょっとしたヒーロー気分を味わうことになるでしょう。

そんな、ビジネスパーソンの誰もが羨む気分を毎回のように味わっている人たちが、決して多くはないながらも世の中には確実に存在します。あるいは皆さんの身の回りにも、そんな羨ましい人がいらっしゃるかもしれません。彼ら彼女らはいったいなぜ、毎回のように企画を通すことができるのでしょうか。

企画通過の常連という人びとは、実際に対面してみると、ある意味、営業部門のトップセールスと似たような印象を受けます。というのは、一口にトップセールスと言っても、実にさまざまなタイプがいて、自信満々に大きな声でハキハキしゃべるタイプもいれば、必要最低限のことしか口にしない落ち着いたタイプもいます。企画通過の常連もそれと同じで、一人ひとりのタイプはまるで違っているはずです。

この場合も同じく、たった一人だけを見て、それをそのまま真似しようとしてはいけません。そうすると、例えば、「プレゼン資料が豪華だったから……」とか、「自信たっぷりに堂々としゃべっていたから……」とか、根拠の薄い安易な結論に至り、それを取り入れても結果は出ないという徒労に終わってしまいます。

では、どうすればいいのでしょうか。

一応、私なりの解答例を申し上げておきましょう。

「意思決定者の損得勘定を捉えているか」になります。この問題のポイントとしては、企画プレゼンというのは、実はプレゼンの前に結果が大方決まっているという話で、プレゼンの中身のクオリティであるとか、いいことを言っているかどうかということは、たしかに要素としては大事なことですが、それだけでは決まらないものです。

例えば、部長クラスの決裁者・意思決定者が出席している会議の中で、自分自身の企画を通したいときには、その会議の決裁者・意思決定者が「何に対して損得勘定を持っているか？」をキャッチすることが前提となります。

具体例を挙げると、人事から「社員のエンゲージメントを高めるために全社的にサーベイを行います」という提案をするとします。しかし、それを提案したところで、社長の観点から見れば、結局、収益をもたらすか否かというところが社長の判断基準ですから、全社的にサーベイを行うと言われたところで、それが会社にとってどんないいことなのかはわからないと言われてしまいます。

ですから、何をもって損と捉え、何をもって得と捉えているかという基準を事前にキャッチしておくということが必要ですし、彼らに好印象を持ってもらうために普段の振る舞いや行動にも注意しておかなければ、正しいことを言ったとしても伝わらないということなのです。

従って、どのように収益にひも付くかということは、たとえ仮説であってもロジックをしっかり組み立てておくことが必要です。また、相手が何を見ているかを摑んでおくことがすごく大事になります。

問題
35

「レトロブーム」が起きている商品の共通点から、成功法則を見つけなさい。

第1章で例として出した問題ですが、より詳しく見ていきましょう。

近年はいわゆる「昭和レトロ」がなぜかあちこちで受けていて、レトロブームとも言われています。

まず、レトロブームが起きている商品を挙げていきましょう。最近のレトロブームというのは、昭和を想起させるようなものが、Z世代の若者たちに意外に受けていて、それがSNSなどで発信されて、広まっているようです。

例えば、「レトロ喫茶」のように昔ながらの古い純喫茶が受けているとか、飲み屋街の「〇〇横丁」と名前が付いているような裏通りにある、バラックのような古びた店とか。

あるいは、「コミックカフェ」のような名前で、昔のマンガの単行本を何万冊も並べて、古いブリキのオモチャや関連グッズを飾っているようなお店。

遊園地でも、「西武園ゆうえんち」のように昭和レトロを売りにしたところもあります。百貨店の催事場などでも昭和をテーマにしたイベントを開催していますし、他にも学校給食を再現したメニューを提供する食堂とか、駄菓子屋などの昔懐かしい店構えの並んだ商店街とか、いろいろ出てきています。

これらの共通点は何だろうと考えて、解答例としては「癒やしの空間」であるとかが挙げられます。

想像による部分が大きいのですが、Z世代の人びとはある意味、生まれながらにITと溢れかえるほどの情報に取り囲まれて成長してきたわけです。

だからこそ、それらが全くなかった時代、ITもなければ情報もなかなか手に入らなかった時代、自分たちが生まれる前の〝古きよき日本〟に憧れのようなものを感じているのではないかと思います。

また、現代社会はIT、特にSNSを通じたつながり、承認欲求により、心の休まるときがほとんどありません。だからこそ、そのアンチテーゼとしてのノスタルジーによる癒やしが求められているのではないかと思います。

このレトロブームを、Z世代向けの商品開発に横展開した事例としては、例えば株式会社サンリオが「ハローキティ」のキャラクターグッズを1974年の誕生当時のデザインで復刻した例などもあります。

あるいは、アサヒビール株式会社の「アサヒ生ビール　通称マルエフ　復刻版」。CMのイメージソングには1980年代を代表するアイドルポップス「元気を出して」を採用し、作詞・作曲した竹内まりやさんがセルフカバーした楽曲も含めて大ヒットしました。オリジナルの「マルエフ」は1986年発売、「元気を出して」は1984年発表と時代も近く、当時をリアルタイムで知る50〜60代を中心に、下はZ世代に至るまで人気を博しているようです。

一日の中でビールを飲む時間と言うと、仕事で疲れて家に帰ってきたあとの風呂上がりとか、一番癒やしが欲しいときです。ビールばかりでなく、コンビニなどに置いてあるハイボールなどの缶も、最近はレトロ志向のデザインがすごく増えてきているようです。こういった例はすべて、癒やしに通じるのではないかと思っています。

問題
36
「老舗の和菓子屋」の競合はどこか？

この問題を見て、「あれ？　これって抽象化なの？」と思われたかもしれません。一見すると、「共通点を探す」ということをしていないように見えるからです。

しかし、実はこれも共通点探しです。

「競合」とは何でしょうか。マクドナルドにとっての競合はバーガーキングでしょうし、iPhoneにとっての競合はAndroidスマホでしょう。

つまり、「消費者の同じニーズを満たす別の商品やサービス」が「競合」です。ですから、「同じニーズ」という意味で、共通点があります。

では、「老舗の和菓子屋」と「同じニーズ」を満たすところはどこでしょうか。

解答例としてまず思いついたのは、「スーパーの和菓子コーナー」というものです。老舗の和菓子屋になったつもりで考えてみましょう。

消費者のニーズは何かということを考えたとき、シンプルに「和菓子を買いたい」というのが抽象化の結果として挙がると思います。

「和菓子屋」という軸で見ると、まず出てくるのは、いわゆる一般的な老舗の和菓子屋。対比でいくと、新しい和菓子屋であるとか、いろいろなブランドの和菓子屋があり、そこももちろん競合になると思います。

このように、「和菓子屋」という軸で抽象度を上げて見ると、他の和菓子屋が出てきます。

「和菓子を買えるところ」と抽象度を上げて横に見ると、「スーパーでも和菓子は売っている」とか、「駅前の出店でもたまに和菓子を売っている」とか、そういういろいろな競合が出てくることになります。和菓子屋に限定せず、和菓子を買えるお店という切り口で見るともっと横にも広がります。

さらに、広い意味の競合をもっと見るのであれば、「甘いものを買えるところ」ということになります。すると、もしかしたら「ケーキ屋さん」も競合になるかもしれません。そちらへも視野を広げることができます。一度視野を広げて見てみることで、当初は狙っていなかったけれど、ここの競合は取れそうだなといった発見などもあり、抽象度を上げる度合いによって、結果はだいぶ変わります。

この問題で言えば、老舗の和菓子屋の気持ちになって、売上が最近落ちている原因を特定しようとしているわけです。

最初は視野が狭いから、近くにある他の和菓子屋ばかり見ていたところに、抽象化の勉強をしてみた結果、実は、駅前のスーパーに和菓子コーナーができて、どうやらそこが原因だったらしい……という感じで特定できるようになるわけです。

また、課題解決の手法で言うと、売上アップのために新規商品を作ろうというときに、他の、「和菓子を買う人」というマーケット以外にも、「甘いものを食べたい」という需要に対してどういうコンセプトで和菓子を売ればいけるのかと横に照らしてみたり、お土産ものとして買ってもらうといった市場だと、他にも「お土産ものを買う手段って何があるのかな」というところから考えるという人もいます。

たぶんこれはすごく柔軟な発想で切り口が変えられるからこその横展開です。買えるところは他にもＥＣなどがあるわけで、オンラインでも買えます。

この問題も、いかに自由に抽象度を上げて見るかがテーマになります。いかに自由に見ることができるかのコツですが、本田技研工業株式会社（ホンダ）で日本初のＳＵＶである「オデッセイ」を開発した小田垣邦道さん（元本田技術研究所取締役副社長他）は、普段から身の回りのことで「なぜ」を問うと語っておられます。

なぜこれが「抽象化」なのか？　ここでいう「なぜ」は正確に言うと「なぜ成功しているのか？」だからです。まさに、「成功法則」を見つける作業です。

例えば「電車の広告でなぜこんな色を使っているのか?」とか、「ザ・リッツ・カールトンの椅子なのになぜ背もたれがすれて汚れているんだ?」とか……。普通なら気づかないところに「なぜ」を問うという習慣を持つことはおすすめだとおっしゃっているんです。

そこがうまい人というのは、本当に知らず知らず、皆が触れない、気づかないところに、「なんでここに傷があるんだ?」とか、「なぜ」を問うのがうまかったり、いろいろな観点で発想されたりしているんだろうと思います。

第5章

思考の「調整力」を鍛える

具体⇄抽象トレーニング

第3章では「具体化思考力」を、
第4章では「抽象化思考力」を鍛えるトレーニングを
体験していただきました。

ここまでで、「解像度が高い人」に必要な
「物事が細かく見えている」
「ユニークで鋭い洞察を得ている」の
2つが手に入りました。

最後は、この2つの力で得た
「99%の人には見えないもの」を
99%の人にも見えるようにする力です。

それが「具体⇄抽象思考力」。

では、どうしたら「具体⇄抽象思考」が
できるのでしょうか?
まずはその"コツ"から明らかにしていきましょう。

どうしたら、「具体⇅抽象思考」ができるのか？

〝最具体〟と〝最抽象〟の「中間」が頭に描けない

本章では、いよいよ具体⇅抽象思考に入ります。

本書では、「解像度が高い人」が備えている3つの資質として、

❶具体化思考ができる人（＝物事が細かく見えている）

❷ 抽象化思考ができる人（＝ユニークで鋭い洞察を得ている）
❸ 具体⇅抽象思考ができる人（＝物事をわかりやすく伝えられる）

と定義しています。

❶と❷ができる人は「他の多くの人には見えていないもの」が見えているわけですから、既にかなり優秀な人です。

しかし、そういった❶や❷ができている優秀な人ほど、「仕事ができる人」とは見なされずに、苦労するケースがあります。それが、❸ができないケースです。

「他の多くの人には見えていないもの」は、自分にしか見えていないからこそ価値があるのですが、「他の多くの人には見えていない」ということは同時に「理解されないもの」にもなり得ます。

「この人、意味のわからないことばっかり言っている」

「具体⇄抽象思考」とは？

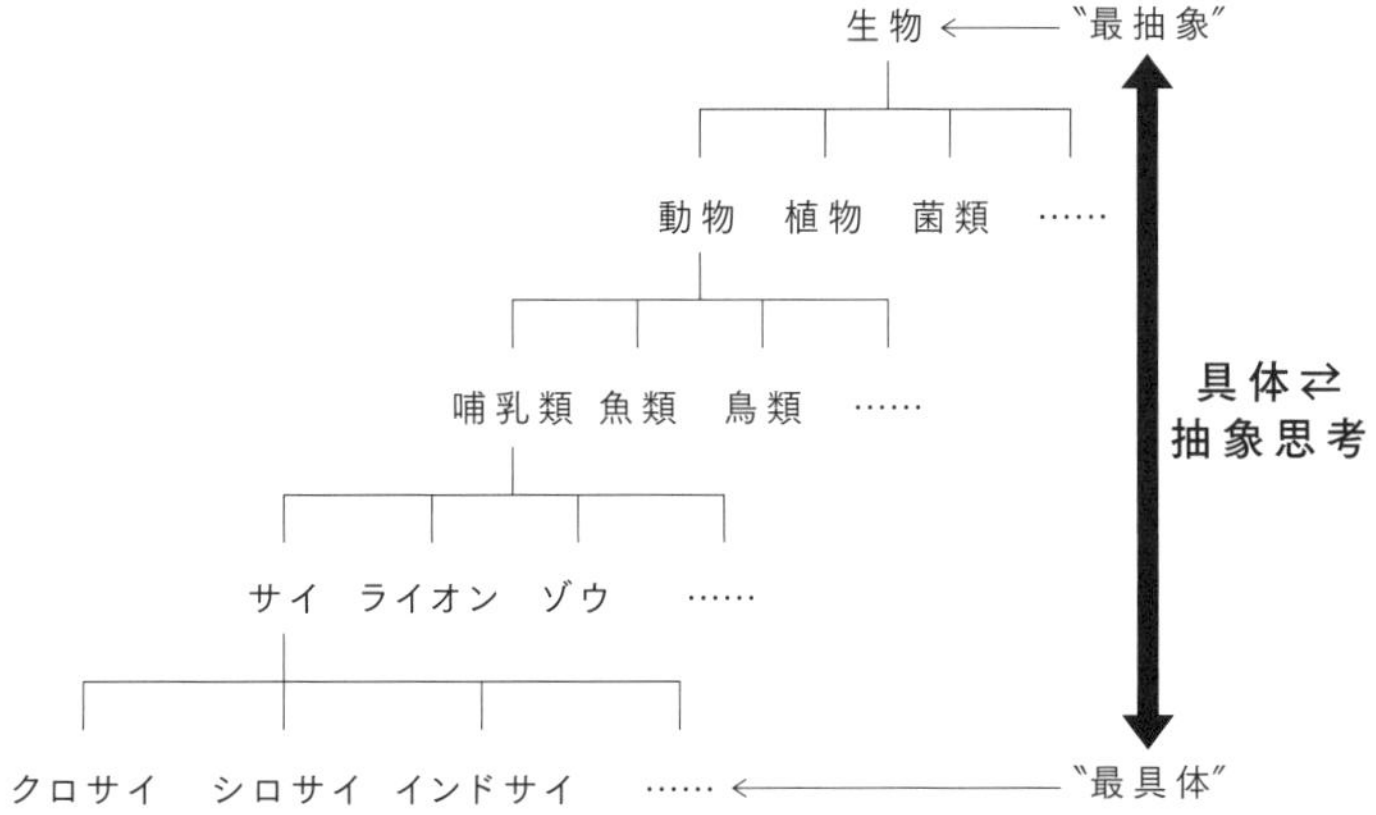

このような「コミュニケーション・ギャップ」は、優秀なのにもかかわらず日の目を見ない人にありがちな例で、「具体⇅抽象思考」が足りないのです。

では、なぜ「具体⇅抽象思考」がうまくできないのでしょうか。

それが、「〝最具体〟と〝最抽象〟の『中間』が頭に描けない」という問題です。

ここで第2章の図表を改めて出してみましょう。

ここで言う〝最具体〟とは「クロサイ」や「シロサイ」など、ピラミッドの一番下の言葉になります。

一方で、ここで言う〝最抽象〟とは「生

物」、つまりピラミッドの一番上の言葉になります。

「具体⇅抽象思考」がうまくできない人というのは、〝最具体〟と〝最抽象〟しか描けないのです。

しかし、図を見ていただくとわかる通り、〝最具体〟と〝最抽象〟の「中間」にはたくさんの言葉があります。

相手はどの具体度（抽象度）が最もわかりやすいのか。「中間」のうちのどの言葉を使ってあげたら、一番理解しやすいのか。

相手の反応を見ながら、それを判断できるようになるためには、ピラミッドのうち、〝最具体〟と〝最抽象〟の「中間」を描けるようになる必要があります。

そのためのトレーニングこそが、本章の「具体⇅抽象トレーニング」なのです。

「比べて、間を問う」が、具体⇅抽象思考を加速させる

では、この「〝最具体〟と〝最抽象〟の『中間』を描けるようになるコツ」とは何で

しょうか。

それが左のような「比べて、間を問う」です。

- **問題㊳**「コミュニケーション」と「iPhone」の間の抽象度の言葉を3つ挙げよ。
- **問題㊴**「テクノロジー」と「ChatGPT」の間の抽象度の言葉を3つ挙げよ。

「『問い』が思考を加速させる」ことは、これまでもお伝えしてきた通りです。

そして、「〝最具体〟と〝最抽象〟を比べながら、その『中間』を問う」。これこそが、思考の中でも「具体⇅抽象思考」を加速させるためのコツになります。

これを身に付けたとき、あなたの解像度は最大限に高まることになります。

具体⇅抽象思考を駆使して、相手と自分の具体・抽象度レベルを、お互いの認識が合致する階層でうまくすり合わせること。

これこそがコミュニケーションで重要なことになります。

次ページより、実際に「問題を解く」ことで、具体⇅抽象思考のトレーニングに取り組んでいただきます。

第3章、第4章と同じく、問題文を読んで、皆さんも一緒に答えを考えてください。

基本トレーニング 1

具体と抽象の「間」を取るトレーニング

問題 37

「生物」と「モンシロチョウ」の間の抽象度の言葉を3つ挙げよ。

解答例としては、ピラミッドの上から生物→動物→昆虫→チョウ→モンシロチョウとなります。

問題文は「3つ挙げよ」となっているので、「動物」「昆虫」「チョウ」ですね。

この問題の狙いとしては、基本的に最抽象から最具体までの間を取る基本練習、基本トレーニングです。

現実のビジネスとは少し離れた問題ですが、まずは皆さんが特徴を捉えやすい一般的な概念を例題として、徐々に慣らしていくのがいいでしょう。

これは、生き物がどういった分類構造になっているかを見ていく形になります。アプローチとしては、最抽象から下りていく方法もあれば、最具体から抽象化していく方法もあります。どちらが正解ということもないので、私の考えとしては、慣れているほうからでいいと思います。

ちなみに、私の場合はこの問題において、最具体のモンシロチョウというのが非常にわかりやすかったので、そこから抽象化するという方向で考えました。

モンシロチョウと、それに類似したもの、例えばアゲハチョウとかシジミチョウなどと比べて抽象化をするというような思考プロセスをたどります。

チョウの仲間は、日本国内だけでも250種余りが生息しているそうですが、モンシロチョウ以外の種類、セセリチョウとかタテハチョウとか、そういったものを全部集めて抽象化したものが、つまり「チョウ」という概念です。共通点を探すとチョウになります。

チョウをさらに抽象化をするということで、チョウに似ているものは何だろうと考えて、チョウは「昆虫」の仲間である、ということになります。カブトムシとか、アリとか、バッタとかと共通で、昆虫ですよね。

昆虫まで上ってきました。昆虫と生物の間、ということで「動物」としました。

問題
38
「コミュニケーション」と「iPhone」の間の抽象度の言葉を3つ挙げよ。

この問題も、比較的基本的なトレーニングになります。

ただし、1つ前の問題のように具体的な分類図を思い浮かべてというよりも、「コミュニケーション」というかなり抽象度の高い言葉を含めて、間を取るという練習になっています。

私の解答例としては、コミュニケーションとiPhoneの間の抽象の言葉は、ピラミッドの上から順に、コミュニケーション→非対面→携帯電話→スマホ→iPhoneになります。ですから、非対面、携帯電話、スマホです。

この問題に関しても、具体から始めても、抽象から始めても、どちらからでもOKなのですが、私の場合は、横に類似するものを並べて抽象化をしていくという形で、具体からピラミッドを上に上がっていくという形でアプローチをしていきます。

まず、iPhoneに類似するものとして、真っ先に思いつくのが「Androidスマホ」ということになるでしょう。

iPhoneとAndroidスマホを「比べて、共通点を問う」とすれば、共通点は「スマホ」ということになります。

これで下から2階層目に上がったので、次の問題はスマホに類似したものを探して並べることです。

スマホに類似したものって何だろう?と考えたとき、ガラケーが考えられます。それらを比べて、共通点を問うと、「携帯電話」というものが出てきます。

次に「携帯電話」と類似したものって何だろう?と考えると「手紙」が考えられま

す。その共通点は「非対面（コミュニケーション）」です。

「非対面（コミュニケーション）」と類似するものは何だろう。それが「対面（コミュニケーション）」です。そして、この2つの共通点が「コミュニケーション」となり、ピラミッドの完成です。

もちろん、これはあくまでも一例で、切り方は目的に応じて自由にできます。抽象度というのは元もと、自由に切り取るという発想になっているので、いろいろな切り口が可能です。

例えば、対面のほうは「話す」とか「手話」とか「筆談」とか、いろいろあります。非対面コミュニケーションのほうは、究極的には「ポケベル」も入ってくるでしょうし、「アマチュア無線」とか、通信機能の付いた「携帯ゲーム機」とか、挙げていけばきりがありません。

さらに、非対面コミュニケーションには、「リアルタイムの通信」の他に、「タイムラグの生じるメッセージのやり取り」もあり、後者は学校の連絡帳や町内の回覧板、駅の伝言板などからインターネット上の掲示板、SNSなど多岐にわたります。

問題
39

「テクノロジー」と「ChatGPT」の間の抽象度の言葉を3つ挙げよ。

「テクノロジー」と「ChatGPT」の間に入る抽象度の言葉。私なりの解答を先に申し上げますと、ピラミッドの上から順にテクノロジー↓情報通信↓先端技術↓生成AI↓ChatGPTとなります。

考え方としては、ChatGPTは固有名詞としてのイメージが強いので、下から抽象度を上げていく形のほうがやりやすいかと思います。

まず、「ChatGPT」とは何か?から入ると、これはオープンAI社が開発したAIで、主にテキストや情報などの質問を入れることで、インターネット上のあらゆる情報を瞬時に検索し、最適な回答を導き出してくれるというものです。

これもどういう仲間や、類似するものがあるかというと、テキストから画像を生成する「Stable Diffusion」という生成ＡＩや、テキストを入れると動画をつくってくれる「Make-A-Video」という生成ＡＩ、音声をつくってくれる「AIVoiceSpeaker」や「VOICEVOX」という生成ＡＩなど、いくつもあります。これらが比較対象として横に並びます。

これらの共通点としては、「情報を入れることで成果物をつくってくれる」というものので、これが「生成ＡＩ」という総称で、1階層上の抽象度の高いものとなります。

次に、生成ＡＩと仲間になるものを横に並べていきます。

生成ＡＩと横並びになるようものとなると、例えば、「メタバース」（インターネット上に構築された三次元の仮想空間）や「ＮＦＴ」（Non-Fungible Token／非代替性トークン）、「Web3.0」（ブロックチェーン技術を用いた分散型インターネット）、「量子コンピューティング」（「量子重ね合わせ」や「量子もつれ」といった量子力学の現象を利用して並列計算を実現するコンピュータ技術）が、最新データ・最新テクノロジーとしてあります。言うなればテクノロジートレンドですが、ここではひとまず「先端技術」という用語で抽象化します。

このテクノロジーのトレンド、先端技術の1階層上は何になるでしょうか。それは、解答している「情報通信」の他、「バイオテクノロジー」や「ナノテクノロジー」などが並びます。

これらの共通点がピラミッドの一番上である「テクノロジー」になります。

問題 40

「口に入るもの」と「ポカリスエット」の間の抽象度の言葉を5つ挙げよ。

ここからは、中間の抽象度の言葉を5つ挙げるという形で、より細かく間を刻んでいく練習になっていきます。

この問題の解答例としては、ピラミッドの一番上から順に、口に入るもの→消化物→飲食物→飲料→清涼飲料水→スポーツ飲料→ポカリスエットという形になります。

これも抽象側から具体のほうにいくというパターンと、具体側から抽象のほうにいくというパターンがありますが、ここでは、まずはポカリスエットのほうから抽象度を上げていくという形で見ていこうと思います。

ポカリスエットにはどんな類似のものがあるか？ということをまず並べて見ていくと、類似商品でアクエリアスというキーワードが出てくると思います。両者の共通点は何かと言うと、「スポーツ飲料」ということになります。

スポーツ飲料の抽象度をさらに上げていくと、類似のものは何かと考えて、スポーツ飲料以外の飲み物、コーラとかジュースとか、あるいは缶やペットボトル入りのお茶やコーヒー等々。ジュースでも、炭酸系と非炭酸系とか、いろいろあると思いますが、これらの共通点を見ると「清涼飲料水」ということになります。

清涼飲料水以外に、また類似のものを挙げていくと、例えば栄養ドリンクとかもそうですし、コーヒーやお茶にしても、ペットボトル入りの飲料ではなく、ちゃんと豆や茶葉から淹れたものなどがあります。そういう清涼飲料水以外の飲み物として、総称すると「飲料」、水分を摂取するための飲み物になります。

このあたりから、逆に頂点の「口に入るもの」というところからブレイクダウンしていきます。口に入るものにはどんなものがあるかというと、大きく分けて「そのまま飲み込んでしまうもの」と「用が済んだら取り出すもの」があります。飲み込んでしまうものというのは、食べ物や飲み物、服用薬など、胃から消化器官へ送り込んでも支障のないもの全般を指します。

一方、用が済んだら取り出すものとしては、箸やスプーンなどの食器とか、爪楊枝とか、歯ブラシとか、体温計など。あるいは、嗜好品のチューインガムなどもそうですし、噛みタバコなんかもここに含めていいと思います。さらに言えば、小さな子どもが間違って服のボタンなど、食べられないものを飲み込んでしまうようなケースもあり、アクシデントではありますがこれらも「口に入るもの」ではあります。

そういうケースまで含めて、「口に入るもの」の1階層下は、ひとまず「消化物」と「非消化物」という具合に分けてみましょうか。

「消化物」の1階層下が、消化することによって実際に血となり肉となる「飲食物」。そのさらに1階層下が「飲料」というわけです。

この問題では、3階層よりもさらに細かく分類していくということで、これをビジネスに応用するのであれば、3つよりさらに細かく間を刻んでいくことを通じて、より「伝える人に応じた伝え方」を工夫できると考えて、敢えて間を多く設けました。

ここも抽象度を上げていく、具体的に下げていくなど、いろいろなやり方、考え方があるので、皆さんもぜひ試してみてください。

問題
41
「自然」と「富士山」の間の抽象度の言葉を5つ挙げよ。

こちらの問題の解答例は、ピラミッドの上から順に、自然→山→アジアの山→日本の山→本州の山→中部地方の山→富士山、という形になります。

これもどういう思考プロセスをたどったかというと、自然という大きな概念から具体的な富士山というところまで、自然の種類や、エリア、国、富士山という流れで組んでいこうと考えていきます。

この問題については、上から具体化していく形でやっていこうと思います。自然とはどういうものなのか？というところからいくと、海や川や山、湖、森……という形で自然から分解していきます。

山の中でもどういった場所、エリアにどういったものがあるかというと、アジアの山。アジアの中の日本の山。日本の中のエリアとして本州の山。本州の中のエリアとして中部地方の山。

そして、最後に富士山にたどり着くという形になります。

これも基本トレーニングなので、こうやって構造をつくっていくという練習問題となっています。

もちろん、逆に、富士山から抽象度を上げていくアプローチもあります。

富士山と言えば、何しろ日本の最高峰であるだけに、さまざまなくくりで筆頭に名前を挙げられることが非常に多いという特徴があります。

例えば――「日本三霊山」（富士山、白山、立山）の一つであり、あるいは「日本百名山」の一つ、というようなくくり方もありますし、「富士箱根伊豆国立公園」に指定されていることから、「国立公園」というくくりで抽象度を上げていくこともできます。

もしくは、「富士山－信仰の対象と芸術の源泉」の名で世界遺産に登録されていることから、「日本国内にある世界遺産」、「アジア諸国にある世界遺産」、「北半球にある世界遺産」……のような形で地域ごとに切り分けて抽象度を上げていくことも可能です し、「世界遺産」の中でも富士山は「文化遺産」というカテゴリで登録されているので、文化遺産と自然遺産、複合遺産や危機遺産などを合わせた「世界遺産」として抽象化する方法もあります。

問題
42

「惑星」と「ジュネーブ」の間の抽象度の言葉を5つ挙げよ。

私の解答例を先に言うと、惑星↓地球↓北半球↓ユーラシア大陸↓ヨーロッパ↓スイス↓ジュネーブとなります。

まず、「惑星」というのは恒星の周りを回る天体で、「ジュネーブ」はスイスの都市であるということを確認して、そこを前提に話を進めてまいります。

この問題の場合、考え方としては、最抽象の「惑星」を起点にして、そこから階層を追って具体化を進めていって、最後に最具体である「ジュネーブ」までを構造化するというアプローチのほうがイメージしやすいと思います。

まず、惑星の中には何があるのかということを考えると、太陽系の中で見ると、現在知られている中では太陽の周りを8個の惑星が回っています。

その太陽の周りを回っている惑星の一つが地球、ということになります。太陽系内には他に火星とか水星とか木星とか天王星とか、いろいろな惑星がありますが、ジュネーブにたどり着くためには地球しかありません。

その地球の中でも、地球を半分に割った北側、北半球に視点を下ろしていきます。ここまでくると、ちょうど地球儀であるとか、世界地図を上から見ているようなイメージで具体化が進んでいるので、次に、地図上の北半球にある大陸の中からユーラシア大陸を選びます。

次にユーラシア大陸の中にアジアやヨーロッパなどがある中から、ヨーロッパを選びます。

ヨーロッパの中にも、スイス、ドイツ、フランスとかスペインとかいろいろな国がある中で、スイスを切り取ります。

スイスの中にもいろいろな都市がありますが、その中からジュネーブを選ぶ、という流れになります。

逆に、ジュネーブから抽象化を進めていく方向だと、例えば、ジュネーブというのは「住みやすさランキング」で上位に入っているので、そういう観点から抽象化を進めていくというアプローチも考えられるかもしれません。

基本トレーニング 2

「比喩」トレーニング

問題 43

「ChatGPT」を別の言葉でたとえなさい。

ここからは、「比喩」トレーニングに入ります。

「なぜ比喩なの？」と思った方もいるかもしれませんが、比喩というのは実はまさに「具体⇅抽象思考」なのです。

例えば、今回の問題の場合で考えてみましょう。

この問題の狙いとしては、ChatGPTを知らない、最新のＩＴ技術を知らない人に、ChatGPTがどういうものかをわかりやすく伝えるという趣旨があります。

そこで、思考プロセスとしては、ChatGPTを一度抽象化して、何ができるのかということを出して、その後具体化する。ご存じない人にもわかりやすそうなキーワードに具体化するという形になります。

まずは、ChatGPTとはどういったものかを考えてみましょう。

ChatGPTは主に、こちらから質問を与えると、それに対してＡＩが自動でインターネット上のあらゆる情報を検索して、最適な回答を出してくれるというものです。

さて、このChatGPTのことを知らない人に、ChatGPTをわかってもらうためにはどうしたらいいでしょうか。

ただし、長い説明をするのではなく、一言でわかってもらいたいと思います。

ChatGPTがわかりづらいのはなぜでしょうか。それは、「新しい言葉」だからです。

では、既存の言葉で、ChatGPTと似たようなものはないでしょうか。

あります。

それが、「コンシェルジュ」です。

例えば私はダイナースのクレジットカードのコンシェルジュと契約していますが、何かしら「こういうことを調べてください」とか、「こういうのはどこの国にありますか？」とか、曖昧な問いを投げかけると、それに対して調べて返してくれます。

この役割、ChatGPTと似ていませんか？　2つには「曖昧な問いを投げかけると、調べて、最適な回答をくれる」という共通点があります。

ですから、仮にChatGPTを知らない人がいたとしても、「ITのコンシェルジュ」という風に表現すれば、一言でわかってもらうことができます。

このとき、一度、「曖昧な問いを投げかけると、調べて、最適な回答をくれる」と抽象化をし、同じ共通点を持つ「コンシェルジュ」という別の具体に置き換えをしています。

まさに「具体」と「抽象」を行き来しているのです。

比喩というものが、「具体⇅抽象思考」であることがわかっていただけたでしょうか。

このあとも比喩によって、「具体⇅抽象思考」を鍛えるトレーニングを行っていきましょう。

問題

44

「マーケティング」を別の言葉でたとえなさい。

解答例としては、「池の魚釣り」とします。

どんな思考プロセスでその解答に至ったかですが、「マーケティング」とはどういったものか、というところをまずは考えます。

例えば、あなたが会社を設立するとしましょう。

さて、あなたの会社ではどんな商品やサービスを提供しますか？

そのとき、まずは「マーケット＝市場」を選ぶところから始まります。

あなたの会社の商品は携帯電話にしますか。タクシーにしますか。コンビニにしますか。ラーメンにしますか。

こうして、「市場」を選定します。

そして、その市場の中にはどれくらいそのニーズを持った人（「携帯電話」の市場であれば、携帯電話のニーズを持った人）がいますか。これがたくさんいればいるほど、市場性が高いと言えます。

図にすると、次のページのようになります。

さて、ではこの「マーケティング」と似たものは何かを考えていきましょう。

図を見てください。

何かに似ていませんか？　そうです。それが「池での魚釣り」です。

マーケティング＝「魚釣り」

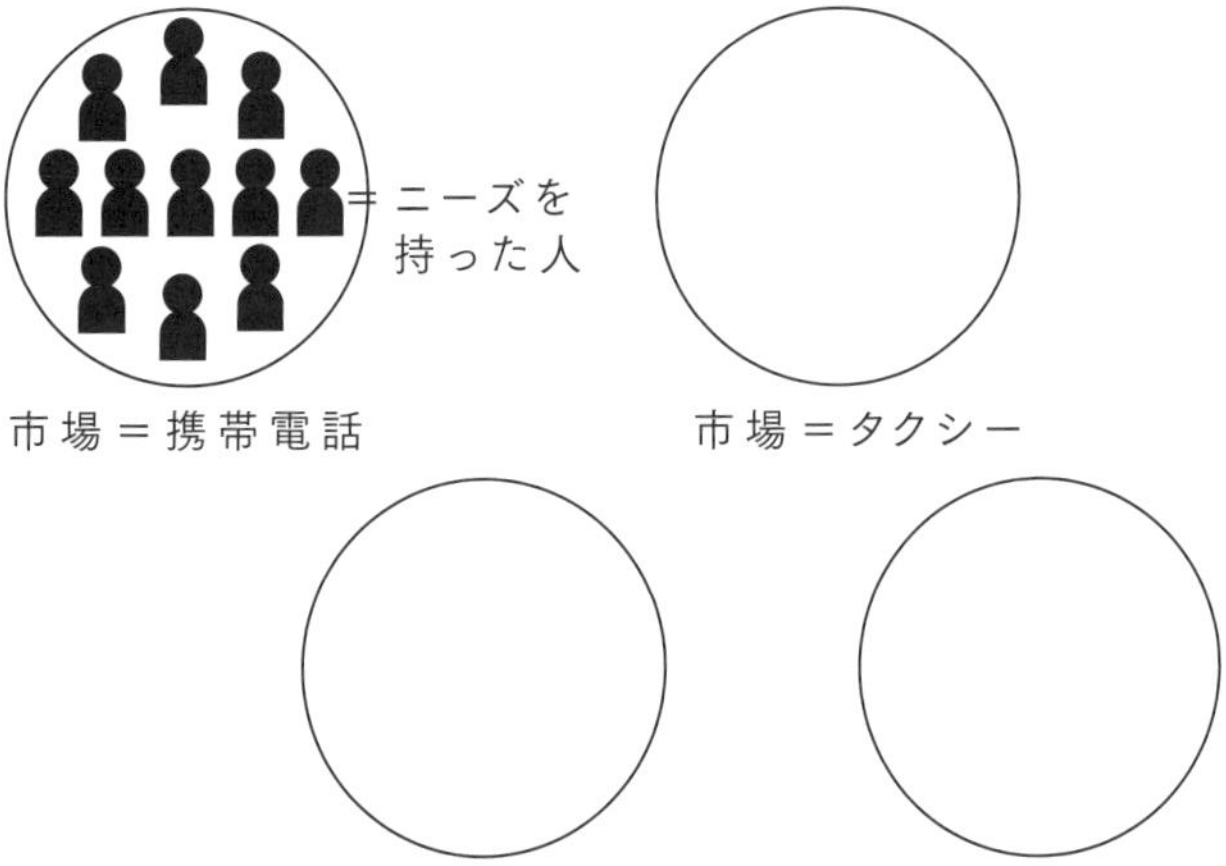

あなたが魚釣りをするとしましょう。まずはたくさんある池（市場）のうち、どの池を選ぶかを決めますよね。なるべくそこにたくさんの魚（そのニーズを持つ人）がいる池を選んだほうがよさそうです。

そして、池を決めたら、そこに餌（商品・サービス）を投げ込みます。するとその餌が好きな魚（ニーズを持つ人）が餌に食いつきます。

このように、「マーケティング」と「魚釣り」とは、構造の面で共通点がありますから、それはまさに抽象化です。

仮に「マーケティング」が何かわからな

い人がいたら、一度抽象化して、同じ構造を持っていて、かつ多くの人にも知られている「魚釣り」にたとえてあげることで、わかりやすくすることができます。

問題

45

「金利」を別の言葉でたとえなさい。

金利という言葉はよく耳にすると思います。

「銀行にお金を預けると利子としてもらえるもの」とか、「お金を借りたときにプラスして返すもの」など、金利はいまいちとっつきにくいという方が多いのでは。

例えば子どもに説明するときなどに「わかりづらい……」と思われるシーンがあるかと思います。

そこで、これをわかりやすく説明するにはどう言えばいいか？

子どもにもわかりやすいように説明すると、どういう言い方になるのか、という話になります。

そこで、この金利というものを一度、抽象化してみます。

厳密に言うと、例えば預金した金額に対して何%かが支払われるというのが金利です。利子と言ったほうがいいかもしれません。

つまり、金利というのは「お金を貸し借りするときに発生する利子」ということです。従って、銀行にお金を預けると利子が発生するというのは、要するに、銀行にお金を「貸して」あげている状態。つまり金利が発生するというのは「お金を借りる」「貸す」という状態のときになります。

では、これ以外に「借りる、貸す」という構造のものとして、どんなものがあるか、考えてみましょう。それを具体で見ると、例えばビデオやＤＶＤです。

最近はオンラインでレンタルする方も多いかもしれませんが、昔で言うレンタルビデオ、レンタルＤＶＤです。ＴＳＵＴＡＹＡなどでビデオやＤＶＤを借りると、お金を払って、それを対価として借りるというシステムになっていると思います。

ビデオやＤＶＤに限らず、本来は売り買いして料金が発生するものを、比較的安い料金で一時的に貸し出すという業態は他にもいろいろあります。ＴＳＵＴＡＹＡではマンガなどの貸本業も営んでおりますし、書籍の貸し出しに関しては、一部の民営の図書館などでも貸出料金を取っているところがあります。

この他、レンタカーであったり、貸しボートやレンタサイクルなども同様のシステムになります。

これらと同じことで、お金の貸し借りという場合にもレンタル料が発生する、と考えればわかりやすいのではないかと思います。つまり、金利とは「お金のレンタル料である」という風にたとえることができるのではないかと思います。

ちなみに、銀行に預ける以外に利子が発生するパターンとしては、逆に銀行からお金を借りる場合ですね。個人が銀行から借りるパターンもあります。銀行だったり、クレジットカード会社だったり。あとは、住宅ローンなどの場合も銀行からお金を借りているという構図は同じですから、家を買うときに住宅ローンを組む場合にも金利は発生します。不動産とか消費者ローンとかキャッシング、あとはお金を預ける場合もです。

基本的には、今挙げたようなものが代表的なところです。だから、ビデオをたとえ返すとしても、貸し借りしたらお金が発生するというのは同じ。だから、お金のレンタル料だということです。

問題
46
「古民家の囲炉裏」を別の言葉でたとえなさい。

囲炉裏を別の言葉でたとえると、「家の中のキャンプファイヤー」という言い方ができると思います。

この言葉に至るまでの思考プロセスですが、まず、「囲炉裏とは何か?」というところから見ていくと、囲炉裏というのは古民家などの伝統的な家屋の中で、今の言葉で言うリビングの中心で床を掘り下げてつくられた、火を焚く場所を指しています。

昔は、そこで家族が火を囲みながら暖を取ったり、食事をしたりするというのが日常の光景だったと言われています。

別の言葉でたとえるにあたって、まず、囲炉裏というものを一度抽象化してみます。そうしますと、「火を囲み家族が団らんをする場所」として抽象化できるのではないかと思います。

日本人であれば、これを「囲炉裏」と呼ぶことでイメージが湧きやすいと思いますが、例えば海外の人に説明するというシーンを考えてみましょう。

「囲炉裏」と言っても、もちろん伝わらないわけですから、どんなたとえがいいでしょうか。

火を囲み団らんをする場所で、海外にも共通するシーンって何だろうと考えてみます。

寒い国であれば、暖炉とかペチカ（ロシアの暖炉兼オーブン）というものがありますが、温暖な気候の国で生まれ育った人にはなじみがなさそうです。

ですが、例えばキャンプファイヤーのように、キャンプをしているときに火を囲んで、その火を暖房や調理に使うということはあると思います。

例えば、海外の方向けに具体化したときに、「家の中で行うキャンプファイヤーですよ」と伝えることで、囲炉裏というのが日本のカルチャーとして理解してもらえるのではないかと思います。

この問題に関しては、誰に伝えるかというシーンに対して考えるプロセスの練習という感じで、同じように、海外の人や、バックグラウンドの異なる人に説明するときに、わかりやすい比喩を用いるためのコツを掴むというようなことが狙いです。

営業などでも、違う業界の人と話をするときに、その相手がわかるようなキーワードを選ぶことが大切です。全く違う世界の話だけれど、同じ構図なのでわかる、というようなケースです。

例えば、人事系のマッチング事業をやっていて、不動産業界の人に自分たちがやっていることを説明するときに、「不動産で言うと仲介業者さんの人事版です」などと言うことがあります。相手側の背景やバックグラウンドに沿って、わかりやすい構図でお伝えしてあげるということも大事だと思います。

ちなみに、囲炉裏を抽象化するとき、私は「火を囲んで団らんをする」というシーンを切り取りましたが、ここを切り取ったからこそ「キャンプファイヤー」という形でうまく具体化できたと思います。

例えば、囲炉裏の機能を重視して「火を使って料理をする」シーンを切り取ったとして、そこから例えば「ガスレンジ」というキーワードが出てきたとしても、それで海外の方に囲炉裏のイメージを伝えることができるかどうかは大いに疑問です。

囲炉裏の機能にはいろいろあり、囲炉裏を抽象化するにもいろいろな切り口がありますが、具体化して初めて伝わりづらい切り口だったと気づくことがあります。

そんなときには、自分の最初の思いつきにこだわらず、しっくりくるような別の切り口を探してみることも大切です。

具体⇅抽象思考をマスターするためには、この抽象化と具体化の過程でうまくイメージできないときには、違和感のないイメージにたどり着くまで、何度も試行錯誤を繰り返してみるプロセスが大事です。

問題
47

「編集者」を別の言葉でたとえなさい。

正直なところ、私は今回の出版のお話を通じて、初めて出版社のプロの編集者の方といろいろお話しする機会を得ました。

もちろん、編集者という職業があることは知っていましたが、私自身は業界にご縁がなかったこともあり、どういう仕事なのか、今回初めてその一端を知ることができました。

皆さんも編集者が何をしているかまではご存じないでしょう。この問題の狙いは、自分の仕事のことを、特にそれが他の業界の人にはわかりづらいときに、わかってもらうための練習です。

編集者の仕事としては、大きく2つがあるそうです。

一つは、書籍あるいは雑誌の企画づくり。どんな本や雑誌記事が世の中に出たら多くの人から求められるか、企画を考えます。

もう一つが、そのつくった企画を実現するために、必要な人をアサインして、企画を具現化するということです。本であれば、著者のアサインから、コピーを書いてくれるライター、デザインをしてくれるデザイナー、誤字脱字を見てくれる校閲者など、企画を実際の本に具現化するのに必要な方に仕事を依頼して、それを取りまとめながら、完成させていくのが編集者という仕事です。

これを、他の業界の人に向けてわかりやすく説明するというのがこの問題です。

そこで、抽象化して、つまり編集者とは何かと言うと、「工程や品質を管理して、プロジェクトを円滑にする仕事」と言えるのではないかと思います。

では、それはどういう仕事かと言うと、まさに「プロジェクトマネジャー」です。よって、今回の問題の解答例は、「出版業界のプロジェクトマネジャー」という解答例になります。

問題
48

「しつこく迫ってくる男性」を別の言葉でたとえなさい。

この問題では、「しつこく迫ってくる男性に対して、どんな状況かを認識してもらって、わかりやすく断り文句を言う」という例題を通じて、比喩によって相手を納得させる方法を学んでいきましょう。

「しつこく迫ってくる男性」というのは、「しつこくアプローチしてくる男性」ということです。

それは、相手がビジネスパーソンという状況から、どういう言い方だとわかりやすいかと考えて、解答例としては「押し売りセールスマン」となります。

どんな思考プロセスでここに至ったかと言うと、「しつこく迫ってくる男性」とは何かをまず考えます。

一度断ったにもかかわらず再度アプローチをかけてきたり、相手の気持ちや意思を尊重しないで自分の意向や気持ちを押しつけるような行動をする男性。それを「しつこく迫ってくる男性」と言います。

ここから抽象化しますと、つまりは、相手に不要な売り込みを行う男性のことを指します。

そして、一度抽象化したものをさらに具体化します。ピラミッドの階層において「しつこく迫ってくる男性」の横にくる具体的な例を出します。

それが、「押し売りをするセールスマン」です。

何度もいらないと言っているのに、しつこく売り込みを続ける押し売りセールスマンのようなもので、あなたが何度も断っても自分の商品とかサービスを購入するようにとしつこく説得を続ける様子を想像してみると、近いものになるのではないかと思います。

ですから、この比喩は、しつこく迫る男性が、「相手の意思を尊重しないで自分の意向や気持ちを押し通そうとする態度」を表しているという形になります。

これは、相手が知らず知らず、誤った行動をしてしまうときに応用ができます。

そんなとき、わかりやすいたとえで注意して、改善を促すということができると思います。

例えば、部下に自分の行っている行動の誤りを気づいてもらうときにも、こういった考え方を活用できますし、指導や育成のときなどにも、たとえで言われてみて初めてわかるということもあります。

また、お客さんに対しても、現在の行動・アクションの誤りを知ってもらうときに使えるという例になります。

いわゆるモンスタークレーマーのようなケースでなくても、お客さんと揉めるのは何かと気が重い話です。

しかし、こちらからお客さんの非を咎めるのは、極めて難しいことだと言えます。

そんなときに、さりげない言い方でお客さんの顔をつぶすことなく、ご自身の過ちに自ら気づいてもらえるような言い方、指摘方法、言い回しがあれば、言うほうもいくらか気が楽になるのではないでしょうか。

しつこく迫ってくる人に対して「しつこく迫らないで」と言ってもしつこく迫ってくるでしょうから、そこで突然家に訪問してきていらない商品を売り込んでくる押し売りセールスマンみたいだと言ったら、「ああ、あんな感じに映っているんだ」と少しはわかってくれるかもしれません。

ちょっとは行動を変えようと思ってくれると思いますし、少なくともアプローチの方法は変えてくれるのではないかと思います。

実践トレーニング

――「具体⇅抽象のチューニング」

問題
49

あなたの仕事を「別の業界」の人に、どの抽象度で話すべきか？

さて、ここからは実践的なトレーニングです。
ここまでトレーニングしてきた「具体と抽象を行き来するトレーニング」を、実際のビジネスのシーンにて応用するトレーニングです。

この問題では、まず、私自身の実体験から入りましょう。

私の仕事というのは、「人事ＩＴコンサルタント」と呼ばれます。

「人事」も「ＩＴ」も「コンサルタント」も、それぞれの単語は珍しくもありませんが、３つ合わせて「こういう仕事です」と言っても、ご存じない方にはまずわかってもらえません。

おそらく、一般的にはあまり知られていないのだと思いますが、この仕事をご存じない方に話すという前提で、「人事ＩＴコンサルタント」という仕事とは何か、ということを説明してみます。

「人事ＩＴコンサルタント」とは、企業における人事の業務、例えば採用、評価、異動の人事発令、労務、給与など、さまざまな人事業務を理解して、課題やニーズに対して適切なＩＴシステムを選んで導入を提案するような仕事のことです。

この説明を一度聞いたくらいでは、イメージしづらいと思います。

そこで、「人事ＩＴコンサルタント」という仕事を知らない人にわかっていただくために、「相手の課題を理解して、適切なものを選んで提案する」という風に抽象化します。

これを誰でもわかるように伝えるには、例えば、テレビＣＭなどで流れている類似のサービスにたとえる、というやり方が考えられます。

そこで私がいつもイメージを借用しているのが、ほけんの窓口グループ株式会社が展開している「ほけんの窓口」というサービスになります。

ご存じかと思いますが、「ほけんの窓口」というのは、保険とか自分自身のライフプランについて悩みや相談ごとがある人が店舗へ足を運んで、そこで専門家の人に、「こういう保険のサービスを使ったほうがいいですよ」「これは、こちらに切り替えたほうがいいですよ」など、相談に乗ったり、最適なプランを提案してもらえるサービスです。

その構造は、保険の専門家が契約の見直しの手伝いなども含めて行うというところは、今の人事業務を理解して必要な課題を挙げ、それに対して適切なＩＴを選んで提案するという構造に近いと思います。

ですので、たとえるならば、「ほけんの窓口の人事版」と言ってあげると、わからない人にも、ご理解いただきやすいでしょう。

問題 50
比喩を使って、初対面の人に「自分の魅力」を説明してください。

「自分の魅力」について説明するという問題ですが、読者の皆さん一人ひとりにいろいろな魅力があり、エピソードがあることと存じます。

ここでは、簡単な例と、少し凝った例の２つの話をしようと思います。

まず、「私は元気なことが魅力です」という魅力を、就活の面接で言うと想定しましょう。

しかし、そのまま言っても、ありきたりすぎて、なかなか相手には響きそうもありません。

そこで、比喩を考えてみましょう。

「元気なことが魅力」というのはどんな状態か。それをどういう風に抽象化できるかと言うと、「明るい性格です」ということが言えると思います。

それを誰にでもわかりやすく具体化すると、例えばば明るいもののたとえとして、「太陽」や「LED電球」「フラッシュ」などがあります。

そうした中で、皆に伝わりやすい一致感があるものはどれかということで、「太陽」がいいと思います。

「私は太陽のような性格です」のように、「元気なことが魅力」というありきたりなことを比喩で表現することで、受け入れられやすくなるのではないかと思います。

もう一つ例を挙げると、例えば、営業担当で「自分自身の魅力」として、「交友関係・人脈が広い」とPRしたいという人がいるとします。

目的は転職活動でもいいし、自己紹介で人に覚えてもらうためでもいいです。そのために、自分の魅力を「営業リストをたくさん持っている」という風に考えられると思います。

しかし、そのまま「営業リストをたくさん持っている」と言っても、ありきたりで納得してはもらえなそうです。

そこで、「営業リストをたくさん持っている」ということを、別の言葉に具体化してみましょう。

例えば、ＣＲＭ（顧客管理）システムというものがあります。Salesforce や HubSpot などがそれにあたります。

そういう意味で、「自分は歩くＣＲＭです」とたとえるのはどうでしょうか。

そのままの表現ではありきたりで、受け入れてもらいづらかったところが、これなら、「あなたは多くのお客さんや、いろいろな人脈をお持ちなんですね」と興味を持ってもらえそうです。

実を言えば、これは実際に私の友人におり、以前はSalesforce、現在はビズリーチという会社で活躍している人で、一目会っただけで相手の特徴や経歴を覚えられる人なのです。

ですから、彼に聞くと、本当にすぐ「この人はいつどこの会社にいて、こういう成績を出して」と返ってくるという具合に、さまざまな人のデータベースが頭の中に入っているような感じです。

実際に、「歩くCRM」という自己紹介のフレーズはインパクトが大きく、一発で人から覚えてもらえます。

単純に「人脈がすごい」という人は他にもいますが、「彼は歩くCRMだ」「ああ、あの歩くCRMの彼ね」と、人から言われるようになれば、それだけで周囲が勝手に宣伝してくれるような状態になっているのです。

問題 51

比喩を使って初対面の人に「自分の会社の事業」を説明してください。

いよいよ最後の問題になります。

比喩を使って、初対面の人に「自分の会社の事業」を説明するという問題です。

例えば、自分の会社が「M&Aの売り手と買い手の仲介を行うプラットフォームサービスをやっている」としましょう。

M&Aというのは、会社自体の売り買いや、あるいは会社内の事業の売り買いなどのことを言います。

この事業について、初対面の相手に比喩を使って説明する場合、「M&Aのマッチングアプリのような仕事をしています」という風に言えるのではないかと思います。

この思考プロセスについて解説していくと、まず先ほど申し上げたように自分の会社が「M&Aの仲介業」で、Webサービス、ITを使ったプラットフォームサービスを運営している、という形を考えてみましょう。

これを抽象化すると、「M&Aの売り手と買い手をつなぐサービス」となります。

では、このように「人と人とをつなぐ」点で類似のものはないでしょうか。

例えば人事の人向けであれば、採用したい会社と採用してもらいたい人とをつなぐという意味で、例えば「リクナビ」といった言い方もあるでしょう。

これをさらに汎用性のある、皆がわかる共通認識の答えに落とし込むと、Tinderや Omaiなどの「マッチングアプリ」も考えられます。

結婚したい人とかお付き合いしたい人同士をマッチングさせるのが「マッチングアプリ」です。

ですから、例えば「M＆Aのマッチングアプリ」と表現することで、間に仲人のような存在を挟まない形で、ITのサービスを通じて、ニーズがある者同士をつなぐ、ということを伝えられます。

おわりに

本書は、私にとって初めての著書になります。

今回、「解像度」というテーマで出版社からお声がけいただき、思いがけず本書を執筆するというめぐり合わせになりました。

解像度であるとか、具体・抽象の力というのは、AI時代における人間の価値というものを象徴しているのではないかと個人的には思っています。

とはいえ、かく言う私自身、この本の著者として偉そうに話したりしていますが、実際のところ、生まれながらの凡人です。

学生時代も、授業の単位が全然取れなくて、周りの友人たちに助けてもらいながらどうにか卒業にこぎ着けたくらいです。

社会に出てからも、過去3社ほど経験していますが、どの会社でも全然自信はありませんでしたし、本書で言うところの典型的な「具体の人間」で、お客さんや上司からは「話が通じない」と何度も何度も言われたものでした。

そんな私が、今回の本を書くというのはたいへん恐縮なのですが、感覚としては、「周りが気づいていないことに気づいている気がする……けれど、力が発揮できていない」という感覚がずっとありました。

最終的に、デロイト トーマツ コンサルティングでは上位1%の人材とされる「S評価人材」の認定を得られたのも、お客さまや先輩、後輩、同僚など、周りの力を借りることができたおかげであり、それができたのは、「人に伝える力」などにおいて、この「解像度を高める」ということを愚直に実践してきたおかげであると思っております。

本書では、私がデロイト時代にやってきたり、教わったり、実験したりしてきたことを体系化したつもりです。

私自身も、新卒で入った会社では、どっちを向いても壁に突き当たるばかりでした。

そんなとき、高い解像度を身に付けることで、今は自分に自信を持てない人も、自分の強みを見つけることができるのではないかと思います。

本書の執筆中、私はアメリカのラスベガスでＨＲテクノロジーカンファレンス＆エクスポに参加してまいりました。

ＡＩを使った人の可能性、解像度を使った事業などの領域は、海外ではまだまだこれからという形で、日本にもチャンスがあると思っています。

皆で解像度を高めて世界へ飛び出し、創造的でワクワクする仕事を一緒にやっていきたいと思っています。

最後に、本書を読んで気になった点やご感想、コメントなど、お気軽にお寄せいただけましたら幸いです。もっとこのような回答、気づきがあったなど、ご意見をいただけますと幸いです。info-contact@keymessage.co.jpにご連絡ください。

また、本書の執筆にあたって貴重な気づきのヒントや、励ましの言葉を私にくれた愛する妻と娘、私が執筆に集中する中業務等多大にご協力をいただいた弊社に参画いただいている喜納さん、樽磨さん、齋藤大輔さん、その他、すべての関係者の皆さんに心から感謝を申し上げます。

そして、「悠くん、あなたは世のため、人のためになることをしていますか?」と亡くなる直前に病床で私に問うた祖母には、引き続き天国から見守っていただけるよう、お願いしたいと思います。

権藤 悠

著者略歴

権藤 悠（ごんどう・ゆたか）

株式会社キーメッセージ代表取締役社長。

慶應義塾大学理工学部情報工学科卒業。ベンチャー三田会幹事。

ITベンチャー企業にて人事、IT新規事業開発をした後、株式会社ZUUに人事企画マネージャーとして参画し、東証マザーズ（現・東証グロース）市場上場前の採用・組織開発に従事。

その後、デロイト トーマツ コンサルティング合同会社に経営コンサルタントとして入社。大手企業へのDX・組織人事高度化コンサルティング業務に従事し、合計社員数20万人以上の各業界企業を支援。デロイト トーマツ コンサルティングの中でも上位1%の人材しか認定されない「Sランク人材」の評価を受ける。

2022年、株式会社キーメッセージを創業。大手企業からスタートアップへ経営コンサルティング、AIやデータ分析を活用した新規事業開発や人的資本経営コンサルティングを提供する。

「解像度《かいぞうど》が高《たか》い人《ひと》」がすべてを手《て》に入《い》れる

「仕事《しごと》ができる人《ひと》」になる思考力《しこうりょく》クイズ51問《もん》

2024年3月 3 日　初版第1刷発行
2024年3月31日　初版第3刷発行

著　　者　権藤 悠
発 行 者　小川 淳
発 行 所　SBクリエイティブ株式会社
〒105-0001 東京都港区虎ノ門2-2-1
ブックデザイン　小口翔平＋村上佑佳＋嵩あかり（tobufune）
校　　正　ペーパーハウス
D　T　P　株式会社RUHIA
編集協力　浦上史樹
編集担当　水早 將
印刷･製本　中央精版印刷株式会社

本書をお読みになったご意見・ご感想を
下記URL、またはQRコードよりお寄せください。
https://isbn2.sbcr.jp/24538/

落丁本、乱丁本は小社営業部にてお取り替えいたします。定価はカバーに記載されております。本書の内容に関するご質問等は、小社学芸書籍編集部まで必ず書面にてご連絡いただきますようお願いいたします。

ISBN978-4-8156-2453-8